「通古察今」系列丛书

选官与文化
——唐朝官吏的选拔与管理

宁欣 著

河南人民出版社

图书在版编目(CIP)数据

选官与文化：唐朝官吏的选拔与管理 / 宁欣著. ——郑州：河南人民出版社，2019.12(2025.3重印)
("通古察今"系列丛书)
ISBN 978-7-215-11958-1

Ⅰ. ①选… Ⅱ. ①宁… Ⅲ. ①官制-研究-中国-唐代 Ⅳ. ①D691.42

中国版本图书馆CIP数据核字(2019)第270879号

河南人民出版社 出版发行
(地址：郑州市郑东新区祥盛街27号 邮政编码：450016 电话：0371-65788077)
新华书店经销　　　　环球东方(北京)印务有限公司印刷
开本　787mm×1092mm　　1/32　　印张　5.5
字数　77千
2019年12月第1版　　　　2025年3月第3次印刷

定价：52.00元

"通古察今"系列丛书编辑委员会

顾　问　刘家和　瞿林东　郑师渠　晁福林
主　任　杨共乐
副主任　李　帆
委　员　(按姓氏拼音排序)

安　然　陈　涛　董立河　杜水生　郭家宏
侯树栋　黄国辉　姜海军　李　渊　刘林海
罗新慧　毛瑞方　宁　欣　庞冠群　吴　琼
张　皓　张建华　张　升　张　越　赵　贞
郑　林　周文玖

序 言

在北京师范大学的百余年发展历程中，历史学科始终占有重要地位。经过几代人的不懈努力，今天的北京师范大学历史学院业已成为史学研究的重要基地，是国家首批博士学位一级学科授予权单位，拥有国家重点学科、博士后流动站、教育部人文社会科学重点研究基地等一系列学术平台，综合实力居全国高校历史学科前列。目前被列入国家一流大学一流学科建设行列，正在向世界一流学科迈进。在教学方面，历史学院的课程改革、教材编纂、教书育人，都取得了显著的成绩，曾荣获国家教学改革成果一等奖。在科学研究方面，同样取得了令人瞩目的成就，在出版了由白寿彝教授任总主编、被学术界誉为"20世纪中国史学的压轴之作"的多卷本《中国通史》后，一批底蕴深厚、质量高超的学术论著相继问世，如八卷本《中国文化发展史》、二十卷本"中国古代社会和政治研究丛书"、三卷本《清代理学史》、五卷本《历史文化认同与中国统一多民族国家》、二十三卷本《陈垣全集》，以及《历史视野下的中华民族精神》《中西古代历史、史学与理论比较研究》《上博简〈诗论〉研究》等，这些著作皆声誉卓著，在学界产生较大影响，得到同行普遍好评。

除上述著作外，历史学院的教师们潜心学术，以探索精神攻关，又陆续取得了众多具有原创性的成果，在历史学各分支学科的研究上连创佳绩，始终处在学科前沿。为了集中展示历史学院的这些探索性成果，我们组织编写了这套"通古察今"系列丛书。丛书所收著作多以问题为导向，集中解决古今中外历史上值得关注的重要学术问题，篇幅虽小，然问题意识明显，学术视野尤为开阔。希冀它的出版，在促进北京师范大学历史学科更好发展的同时，为学术界乃至全社会贡献一批真正立得住的学术佳作。

当然，作为探索性的系列丛书，不成熟乃至疏漏之处在所难免，还望学界同人不吝赐教。

北京师范大学历史学院
北京师范大学史学理论与史学史研究中心
北京师范大学"通古察今"系列丛书编辑委员会
2019 年 1 月

目 录

引 言 \ 1

一、中国古代选举的制度演变与观念更新 \ 3

二、合久必分：举与选的分途 \ 14

    (一)举选分途及异同 \ 14

    (二)举选合一的趋势 \ 19

    (三)分而趋合的成因 \ 22

    (四)考试原则的层层渗透 \ 29

    (五)任用与监督 \ 31

三、清浊自见：从世胄跌落到门荫的世家子弟 \ 35

    (一)唐朝门荫制的特点 \ 36

    (二)唐朝门荫制在选官实践中的意义 \ 49

    (三)唐朝门荫制的衰落及其原因 \ 51

四、"一命之官悉归吏部" \ 57

（一）铨选制的逐步完善 \ 58

（二）铨选制的流弊 \ 64

（三）如何认识铨选流弊的产生及其原因 \ 73

五、荐举一途为何经久不衰 \ 79

（一）荐举方式 \ 80

（二）荐举的效用 \ 90

（三）荐举的三个阶段 \ 93

（四）荐举变化的趋势 \ 96

六、"为使则重，为官则轻" \ 101
——捷径抑或曲折

（一）辟署制的形成与辟主 \ 103

（二）选辟对象 \ 105

（三）被辟者的标准与条件 \ 107

（四）唐朝辟署制的特点与兴起之原因 \ 119

（五）幕职的地位与不同类别幕僚的出路 \ 126

（六）幕府的辟、奏（差摄）、荐权及运用范围 \ 129

七、何故形成"吏强官弱"格局 \ 134

　　（一）官吏分流的历史演变 \ 135

　　（二）官清吏浊的定制与定势 \ 138

　　（三）官无封建，吏有封建 \ 146

结　语 \ 151

参考文献 \ 157

后　记 \ 162

引言

中国严格意义上的选举行为，可追溯到上古时代，与绵延数千年悠久灿烂的历史文化同历盛衰荣辱。岁月流逝，世事沧桑，但古代中国浩瀚典籍中所蕴藏着的制度文化内涵，钩沉探微、披沙拣金，仍渊源有自，流变清晰。数千年历史文明造就的健全、完善、严密的选举体制以及相关的制度、措施，是世界上任何一个国家或民族都无法比拟的。

有的学者把文化分为精英文化与平民文化两个系列（或两个层面），选举从制度文化的角度看，它的主流无疑是精英人物构筑的精英文化，但其非主流及潜流则属非精英文化或平民文化。由于两种文化的载体在社会阶层不断发生变动中的交流与转换，选举制度所体现的文化内涵就带有双重性的特点，这是我们不可忽略的事实。

  文化就其发生发展而言，是以经济基础为依托的，文化载体就其社会属性而言，是经济关系的体现。从这个意义上讲，选举制度的形成与演变，不同阶级、阶层在选举体制中的不同地位和作用，都是由社会经济关系所决定的。其一，中国封建社会占统治地位的阶级是地主阶级，地主阶级内部的变化，是外部经济关系变化的反映，每一时期主导选官形式的确立，正是由这种内外变化所决定的。其二，商品经济的发展，促成了不同阶级的转换和同一阶级内部的升降，促成了财富与权力地位之间的交易。在更新选举观念、修定选举标准的过程中，商品经济的发展水平起了不可低估的作用。我们在探究封建社会选举制度的发展趋势时，抓住地主阶级本身的变化和商品经济的变化这两个关键点，也就把握住了其基本脉络。

一、中国古代选举的制度演变与观念更新

政治是建立在特定经济基础之上的,是随着经济基础的变化而变化的。中国的政治从选官角度看,可以分为四个阶段:

一是贵族政治阶段。这阶段以春秋时代为下限,是以宗法、血缘关系为纽带,在诸侯分据的权力格局中形成的贵族政治。这一时期占主导地位的选官形式是世卿世禄制,即世袭制。

二是贵族政治向官僚政治转变的过渡阶段。战国时代,这一转变业已开始。秦汉统一帝国,官僚系统与贵族系统逐渐分离,政治体制已经向官僚体制转轨,但仍带有较浓厚的贵族政治色彩。反映在选举制上,以荐举为中心环节的察举制居于主导地位,荐举制度

虽然较为严格和具体，但标准却较为抽象。与察举并行的其他选官形式，如任子、郎官等，属于世袭制在新体制下的演化，并且尚不规范。从宗法制度中转变过来的地主阶级，还带有一定程度的宗法特点。表现在官制系统上即所谓的家国体制的混合，尤其是中央官制更为明显，从称呼到职能都未从家臣体系中完全脱离出来。纯粹意义上的官僚体制应该说是在隋唐时期才得以确立。

三是官僚政治形成阶段。魏晋时期，在门阀政治背景下形成的九品中正制居于选官的主导地位，制约着其他选官形式。九品中正制的制度化程度大为加强，但仍属贵族政治的范畴。然而，贵族本身的内涵却发生了变化。门阀世族基本应属于地缘意义上的贵族，与春秋战国时代的贵族相比，他们不是以与皇族的远近亲疏定尊卑，而是以某一地域为基点，以经济势力为基础，以家族为纽带，与官僚政治结合后才得以形成，又反过来限定了官僚政治的进程。从某种意义上讲，门阀士族是官僚政治的产物，而非血缘（贵族）政治的产物。科举制的萌芽出现在这个时期，并非偶然。

四是官僚政治阶段。又可分为两个阶段：一为隋唐时期，地主的贵族化与贵族化的地主同步衰落，以三省六部制的确立为标志，官僚体制正式与贵族政治脱离。统治基础从根本上的变化，使得选官制度也发生了从量变的积累到质的飞跃，科举制正是在这一大背景中确立和发展的。科举制不仅带动了选举方式的更新和制度化，更重要的是带动了选举观念的更新和选举标准的制度化。当然，这一更新进程的完成还有待时日。二为宋代以后，地主阶级的宗法色彩大为加强，但已和政治脱离关系，与日益严密的官僚体系分道扬镳，是以地缘为基础的士绅集团。"取士不论家世"，表明了地主阶级在完成身份制向非身份制转化的过程后，在选举观念上的彻底更新。在选举标准上，抽象的"德"（往往与身份、地位、家世联系在一起）已让位给具体的"才""能"，科举制成为主导选拔人才的形式，考试成为各个层次选拔人才的普遍原则，选举步入了规范化、制度化的轨道。

社会经济中最具生命力的因素是商品，商品经济的活跃，可促成社会的两个变化：一是阶级和阶层的变化，主要表现在阶级队伍的重新组合与社会阶层的升降转换；二是在商品经济发展的过程中，随着财富的积累以及由此带来的对社会及政治的巨大作用，财富与政治的联系日益紧密，财富逐渐成为社会地位的一种标志。在经营交易中形成的公平竞争意识，间接影响与渗透到人们的观念中，随着商品经济的进一步发展，公平竞争的观念日益深入人心，必然带来选举观念的彻底更新。科举制的确立以及考试原则的普遍实施，与商品经济的发展密切相关。

中国社会的商品经济发展屡有起伏，战国西汉时期较为活跃，魏晋南北朝时期曾一度中衰，唐中叶到两宋时期，再次出现高峰。商品经济的活跃，对自然经济形成极大的冲击，加速了土地所有权的频繁转移。财富的积累冲破了社会身份的藩篱，"富"在与"贵"的角逐中，逐渐在政治生活中占有越来越重要的位置。商品经济的发展使中国社会发生长远与深刻的变化，这种变化反映在社会与政治生活的各个方面，以及各个层面。具体到选举，可以从以下几个方面直接或间接反映出来：

观念的更新。中国自商鞅变法实行抑商政策，靠经营工商业致富者在社会上的地位就跌落为"不得预士伍",即剥夺了工商业者在政治上进身的资格。社会舆论也无不轻商、贱商、鄙商,商业被视为"末业"。隋唐时期,商品经济的发展出现第二个高峰期,商人的社会地位和对商人的观念发生了某些变化。《独异志》中记载了两个事例:其一,唐高宗(公元649—683年在位)时西京(长安)有富商名邹凤炽,家产巨富,金宝不可胜计,邸店园宅遍布海内,四方物产为其所收。因女儿出嫁,邀请朝中士人赴礼席,宾客数千。曾谒见高宗,请求购买终南山上之树,每树付绢一匹,自言:"山上之树虽尽,臣绢未竭。"以此夸富。其二,玄宗皇帝(公元712—756年在位)曾御含元殿,望南山,见一白龙横亘山间,左右皆曰未见,急召大富商王元宝,元宝云隐约见一白物横在山顶。玄宗遂有感而言:"我听说大富可敌贵,朕天下之贵,元宝天下之富,故皆能见之。"巨富的效应,使君主产生"富可敌贵"的观念,说明商人的社会地位有所提高,人们的观念在逐渐发生变化。但这一时期的制度仍相对滞后,对工商业者及其子弟的入仕仍有严格限制。甚至到唐后期,官僚士大夫仍把商贾列为"贱类",认为商人从政是"上污卿监""下辱州县"。王阳明认为:"士商异业而同道"[1],正是在明代商品经济发展的基础上,试图从理论上扭转士商不同道的观念。如果说宋代的"取士不论家世"反映了地主阶级在商品经济的冲击中,内部身份观念的解体,那么,"士商异业而同道"则从根本上阐明士与商的差别,仅是业之不同,而非道之有殊。这一观念的转变,经历了两千年左右的时间。

观念的更新,在实际生活中,滞后于社会的变化。社会的变化首先是非制度的渐变,然后才逐渐在制度上得到确立。文官选举对象,按规定限制在士的范围。但南北朝时,已经开始发生变化。北齐幼主卖官,"州县职司多出富商大贾"[2]。唐中后期,"工商凡冗,或处上庠"[3]。柳宗元曾以《吏商》为题,撰文论述吏与商之异同,以及吏商相混的现象。明朝时,"古时四民异业,今士与农商常相混",说明当时商人入仕或士人

---

[1] 〔明〕王守仁原著,〔明〕施邦曜辑评,王晓昕、赵平略点校:《阳明先生集要》文章编卷三《节庵方公墓表》,中华书局,2008年,第928页。
[2] 〔唐〕李百药:《北齐书》卷八《帝纪第八》,中华书局,1972年,第114页。
[3] 〔唐〕韩愈著,刘真伦、岳珍校注:《韩愈文集汇校笺注》卷二七《请复国子监生徒状》,中华书局,2010年,第2814页。

经商已相当普遍。明清开捐例,"市井驵侩"[1]通过捐纳方式大量涌进仕途,以至出现胡雪岩这样的亦商亦官,以经商为本、捐官为用的"红顶商人"。可以说,商品经济首先瓦解了建立在土地所有权相对固定基础上的贵族政治、与贵族政治相适应的身份等级制度,以及以"家世"作为选举依据的选举体制,使"取士不论家世"得以制度化。其标志就是科举制的确立。但是,我们应该注意到,"不论家世"是限定在"士"的范围,并没有向广大工商业者敞开大门。商品经济的第二次冲击波,才使商人入仕不再受到法律制度的限制,异途(捐纳)入仕者,升迁有时比正途(科举)还要便捷。

选举标准逐渐制度化,在选举程序中引入考试环节,而且考试的比重和覆盖面日益加大,应该说,这是商品经济中的平等竞争原则在政治生活中的体现。中国的商品交易活动极不规范,很长时间没有摆脱政治干预的桎梏。但商品经济发展的自然法则是平等自由竞争,是依靠个人的能力把握机会。这个法则直接或间接地影响选举和渗透到选举中。考试环节的引入,

---

[1] 〔宋〕李心传:《建炎以来系年要录》卷五,中华书局,1988年,第135页。

并不是商品经济发展的直接作用,考试原则中体现的平等和竞争意识与商品经济的自然法则如出一辙。为了强化公平竞争机制,选举标准逐渐制度化,考试日益规范化。选举标准的制度化,表现在德、才、能三者关系的变化。德的标准逐渐抽象乃至淡化,而才与能的标准则日益具体和规范。以进士科为标志的科举制的确立和发展,身、言、书、判作为铨试内容,都是制度化、规范化的体现。八股文的产生和应用,亦是规范化登峰造极的畸形发展,并逐渐走到了平等竞争原则的反面。考试录取过程中,采取弥封、誊录、锁院、搜检等措施,也是为了公平竞争原则的贯彻实施。

选举对象的扩大。选举对象的扩大,在中国历史上曾有几个重要的时期。一是春秋战国时期,士的崛起,导致了"贵"的没落与"贤"的兴起,从而突破了世卿世禄的藩篱,将选举范围扩大到贵族以外的士阶层;二是唐宋时期,科举制的确立及发展,将选举范围扩大到寒庶士人,突破了"士庶天隔"的藩篱;三是明中叶以后,"士与农商常相混",商人在法律上已取得与士同样的地位,选举令不再有禁止商贾入仕的条文，尤其是捐纳一途的转盛，使"市井驵侩"捐官者不可胜数。如果说，前两个重大突破政治较量的色彩更浓厚些，那么第三次突破，则与商品经济的发展及商人社会政治地位、身份的变化有着直接关系。北齐幼主卖官时，造成"州县职司多富商大贾"，唐朝后期辟署制的盛行，使"商贾贱类"污卿监、辱州县，曾因与体例不合，而使舆论为之沸腾。但到北宋时，从最高统治层面已开始改观。宋太宗（公元976—997年在位）淳化三年（公元992年）三月下诏，"工商杂类人内有奇才异行。卓然不群者，亦许解送"应举。这一开禁之举，正式开始了工商阶层可通过合法、正常的途径步入仕途的历史进程，表明了商品经济对政治的强有力的渗透与影响，同时也阻滞了工商阶层走向独立化的历史进程，延缓了资产阶级的形成及资本主义商品经济的发展进程。

选举方式中捐纳一途的兴盛。捐纳，最初称赀选，开辟此途的初衷是赡国用、省民赋、劝农功。汉景帝（公元前157—前141年在位）时实行依赀算得官，是为防家贫者为吏而贪。演进到后世，赡国用成为最主要的原因，每到国用困乏、窘迫之时，便采取纳钱买官等方式搜敛民间游离于中央税收之外的资金,王朝衰世或成为君主聚敛个人财富的手段。自明中后期起,中国社会开始向近代化转轨,工业文明亦有了萌生和启动的可能。商品经济的发展已造就了独立化进程中的工商阶层,形成了大量的游动资金。这些游动资金的流向有两极:一极是按照商品经济的自然规律,投入商品的再生产和扩大再生产,增加商业资本的总量,或在商品流通领域流动,这一流向是商人独立的前提条件;另一极则是受到中国传统社会的制约,在官本位的大环境中,投入钱权交易的领域,即以钱为媒介,提高自身的社会及政治地位。统治阶级企图依赖捐纳方式吸收社会上的游动资金,一可解国用日蹙的燃眉之急,二可拓宽工商杂类的出路,三可维护以官为本位的政治体制和社会结构。第二种流向,分散了商业资金,分化了商人阶层。官商之间的转换与官商的合流,使地主、官僚、商人三位一体的结合体在向近代化转轨的时期仍然继续存在和发展,已成为社会的赘疣。

商品经济在官僚选举中主要体现在间接作用方面,选举体制的确立及发展演变,最终还是建立在统治阶级的需要这一基础之上的。

商品经济最主要的特征之一,是交换原则成为普遍规律。这一交换原则渗入政治领域——政治地位和身份成为可以买卖的对象,进入市场,进入流通领域。只是交换双方不是商品市场中正常交易的双方,而是一方是掌握国家机器、垄断政治特权的政府机构,另一方是手中聚敛了一定财富、寻找更佳投资对象、认定投资政治获利最佳的无官人士。可以说这正是商品经济在封建传统政治社会的挤压下,无法充分发展、难以走向成熟的必然结果。

商品经济的发展,终于促成资本主义的诞生及在全球范围的迅猛壮大,造就了资产阶级和无产阶级这两大对立阶级。就国体而言,资本主义国家和社会主义国家属于不同阶级范畴,但就其政体而言,两者应同属于现代政治范畴。现代公务员制度的形成和逐步完善,经过实践证明,适用于当今世界不同制度的国家,具有普遍意义。

民谚云:冷眼观潮。数千年的历史于今已如白驹过隙,当我们回顾逝去的岁月,人事与自然的风雨剥蚀无可挽回地留下了各自的痕迹。

二、合久必分：举与选的分途

汉到北宋的举选制度，大体经历了一个合—分—合的过程。蕴含着种种复杂的社会、政治、文化因素的交互作用，它不仅仅是一个简单的制度变更过程，更主要的还反映出这一较长历史时期阶段性的演进过程。唐朝举选制度由分逐渐趋向合的现象，值得探讨。

（一）举选分途及异同

两汉魏晋南北朝时期，举士与选官实为一途，隋时已开始区分，至唐正式分途。马端临指出，举、选分为二途，一为科目与铨选之区别，二为礼部与吏部

二、合久必分：举与选的分途

之区别。[1]吏部行使铨注职能，可上溯到汉代，但当时并没有部的建制，只是曹署。在三省六部取代三公九卿制的历史进程中，吏部（曹）主选举的职能逐渐明确及强化。隋代，吏部选权仍以铨叙、甄别为主，自唐朝始，铨选制才正式确立，形成一整套有别于举士的较完备的从选拔、审核、考试到铨注的选官体系，由此，举与选才截然分途，二者分途主要体现在如下几个方面：

一是在选官体系中的层次不同。

从大的范畴讲，举士也是选官体系的组成部分，自铨选制确立后，选官体系便加深了层次的分化。这个分化隋代已经有了，唐前期基本完成。五品以上的官吏为第一层次，由君主及宰臣直接择定，并参考台阁长官、清要高品及地方长吏的推荐意见，没有考试这一环节；九品以上六品以下官吏为第二层次，选拔时主要通过铨选，有严格的考试程序及标准；第三层次，即取得做官资格的途径，主要有科举（包括常举及部分制举）、门荫、流外入流、军功、征辟等。科

---

[1]〔元〕马端临:《文献通考》卷三六《选举九》，中华书局，1986年，第339页。

举及第者只是获得了出身及参选的资格,还须经过铨选,合格者才能得官。大文豪韩愈在这种举选分途的体制下,居然四举于礼部方中第,但仍三试于吏部无成,只得应辟入幕,才步入仕途。制举是举选的混合,但非举选合一,是因人而异的。

二是范围与对象不同。

应常举者均为布衣,明经或诸科中第者仍可应进士举。制举则不限,布衣、有出身者、前资官及在职官都可应举。铨选的范围只限于有出身及前资官(唐初未立格限、选限,后合格、选满者方能赴选)。

三是主考机构、考试程序不同。

举选合一时,举士及第即可做官,吏部铨注只是必须履行的手续。北朝之制,已形成尚书省吏部属下吏部曹主选补,考功曹主贡举的格局,隋沿袭不替,唐亦如之。吏部司与考功司分主选、举,礼部只负责主持对国学生及斋郎的考试。唐玄宗开元二十四年(公元736年)移贡举于礼部,举、选的主考机构正式分开。科举制与铨选制在各自向着独立化与完善化发展的过程中,都建立了日益严密、完备的考试体系。科举主要有进士、明经、三礼、史传、童子及制举等科目,以文、策、诗、赋的形式展现文采,评说古今,议论时政,直抒胸臆,以对经、史、礼、传等的默记与诠释,阐发理念;吏部铨选以身、言、书、判为铨试内容,其中判是关键,考察选人对政务的分析、判断与形诸文字的综合能力。

四是标准、偏重不同。

举选合一时,标准是统一的。有学者将标准分为以德取人、以名取人、以族取人、以文取人、以能取人[1],实际还可以加上以劳(年资)取人,这几种取人标准各个时期偏重不同。唐朝举士主要是以文取人,因此试策、试诗、试赋、试文,科目较为抽象。后诸科渐兴,但地位及影响都远逊于进士科,但也有其他标准渗入之,影响到主考官的取舍。唐太宗(公元626—649年在位)贞观二十三年(公元649年),考功员外郎王师明知贡举,张昌龄、王公谨应进士举,二人"并有俊才,声振京邑",却遭黜落,不但"举朝不知所以",太宗亦怪而召师明问之,师明答曰:"此辈诚有词华,然其体轻薄,文章浮艳,必不成令器。臣

---

[1] 参见阎步克《察举制度变迁史稿》,辽宁大学出版社,1991年。

若擢之,恐后生相仿效,有变陛下风雅。"[1]太宗深以为然。这种因对"文才"的不同理解,虽然并未阻遏住进士科独步士林及最能展示斐然文采的诗赋雄冠考场的大趋势,但却成为有唐一代举选议论中争执的焦点,并为日后的诗赋终被经论所取代埋下伏笔。德、族、能也都在不同程度上干预着举士,但最终还是落实在考试的结果上。

选官的标准主要体现在铨选上。以德、才、劳为标准。实际上,德已成虚的,才、劳是实在的。劳原无定准,玄宗开元十八年"循资格"确立后,年资成为"劳"的主要依据,如是前资官,政绩(或考课)亦为参考系数。铨选对"才"的考量主要是吏才,强调处理政务的实际能力,因此以"判"的形式进行考察,当然文化素养的高低必然体现在判文的优劣上,从而也包括了对选人文才的要求在内。这种对文才的要求逐渐发展为吏部专设的科目选,即为参加常选的选人而设的"平判入等",为选未满者而设的"宏辞""拔萃"三科。拔萃科始设于武则天(公元690—705年在

---

[1]〔唐〕杜佑:《通典》卷一七《选举五》,中华书局,1988年,第402页。

二、合久必分：举与选的分途

位）大足元年（公元701年），宏辞科始设于开元十九年，平判入等始于开元二十四年，应是为常选者和判文尤佳者所设。开元年间"循资格"的确立与宏辞科的设立，代表了选官标准的两极分化，一极是对"资"的标准趋向凝固化，另一极是对文辞之才的逐渐开放。唐后期经史诸科向吏部的移植，正是这一趋势的反映（后面将论及）。制举带有举选混一的性质，但标准主要是以文取人。

五是结果不同。

举选的分途导致了应举者与参选者在选官体系处于不同的层次，所以结果也不同。科举及第，一般只是获得了出身，凭此身份参加吏部铨选，通过后才能得官。不少人始终没有过去这一关，终老仍然是"吏部常选"的身份。但吏部参选者，凡身、言、书、判合格，经三唱三注，便可拟官赴任，正如马端临所言："有举于礼部而不得官者，不举于礼部而得官者。"

（二）举选合一的趋势

举选合一不是指二者等同，因为举士只是选官的途径之一，其他如门荫、军功、流外入流、辟召等亦是入仕的途径，二者的合一是指在选拔标准及过程中的一致性。

吏部选官与科举取士在标准上主要是吏能与文才的区别。所以，吏部才以试判作为考察形式。如果说平判入等与拔萃二科是试判的发展，那么宏辞科可以说已完全摆脱了判的束缚，只以文章取人。由于升平日久，选人增多，数人甚至数十人竞射一阙，吏部科目选成为怀才士子避免淹滞命运的重要门径。而文才平平，庸碌之辈又无其他背景者只能"限年蹑级""六十尚不离一尉"而已。宏辞、拔萃科在大历至长庆年间最盛，这正是唐后期以文取人的趋势向吏部铨选渗透的反映。

如果说宏辞科的设置与发展反映了举选二途在取人标准及考试内容上逐渐趋同，那么经史等诸科的兴起及向吏部的移植，则在科目上亦重合了。《册府元龟·贡举部·总序》对此有一段概述："又有吏部科目，曰：宏辞、拔萃、平判，官皆吏部主之。又有三礼、三传、三史、五经、九经、开元礼等科目，有

二、合久必分：举与选的分途

官阶出身者,吏部主之;白身者礼部主之。"[1]《册府元龟》中未载的吏部科目还有学究一经、一史[2]等。上述诸科与吏部科目选有所不同,吏部科目选(宏辞、拔萃、平判入等)皆为吏部特设科目,考试内容或文或判,而且都设自唐前期。诸科除三礼、三传在开元时曾作为贡举的帖经内容外,其余一般都是在德宗贞元(公元785—805年)至穆宗长庆(公元821—824年)间陆续设置的。例如,三礼定为科目选是在贞元五年,开元礼是在贞元二年,三传、三史是在长庆二年,而且这些科目一般人都可以应试,只是根据身份不同有所区别,前资及有出身者,"依科目例选",由吏部主持考试;"白身人依贡举例",由礼部主持考试[3]。由此,吏部与礼部的考试内容在经史诸科上完全重合。这里我们暂且不讨论经史诸科兴起的原因及造成的某种混乱。这种移植及重合,不仅使举士与选官在内容上,而且在形式上也冲破了"各自为防闲检校之法"

---

[1] 〔宋〕王钦若等编:《册府元龟》卷六三九《贡举部·总序》,中华书局,1960年,第7662页。
[2] 〔宋〕王溥:《唐会要》卷七六《贡举中》,商务印书馆,1936年,第1396—1398页。
[3] 《唐会要》卷七六《贡举中》,第1396—1398页。

的藩篱。

（三）分而趋合的成因

举选的分与合似应是两个对立的现象，但成因却是同样的。一是中央集权的政府集中选权及扩大统治基础的需要；二是整个社会文化水平的提高和对官吏文化素养及处理政务能力要求提高的需要；三是科举制日益发展与完善的体现；四是官吏队伍日益膨胀的必然趋势及过度集中选权而导致的必然结果。如果具体分析，可以说铨选机构考试职能的退化及铨叙职能的发展和举选在考试形式及内容上的趋同（经史诸科兴起后）是直接原因。

1. 吏部铨选案牍的繁杂与试判的流于形式

每一种考试形式和内容都会经历初起、发展、兴盛、衰落、消亡的全过程，唐朝创始的吏部试判也不例外，但它的过程似乎进展得更快。高宗时黄门侍郎刘祥道已就"试判不简善恶"提出异议[1]，此后，魏玄同、张九龄、杨瑒、刘秩、赵匡、沈既济、陆贽等在中央担任要职的中高层官吏人都针对铨选制所存在的弊病发表过议论，认为每年参选之人云集京师，盛时有上万人，选期仅限数月，"吏部条章动盈千万"，"人既浩穰，文簿繁杂"[2]，吏部总计官、吏150人左右，度德、判才、计劳三者要想兼顾，实际力所不能及。

选人试判唐朝始行。试判，既可"观其能否"，也可察其才也。但选人猥多，年代渐久，以辟书曲学，已无法真正观能，以"文辞之末"又无法确实审才（因有人斥书判为文辞之末），因此，试判的流于形式及被更新或被淘汰是必然的。唐前期所设的宏辞、拔萃、平判入等科目选就是以有限的人力在较小的范围里选官的一种措施，后期经史诸科之兴，使程序化的试判的选才功能更加削弱。

2. 铨选系统铨叙职能的发展

在中央集权事无不总裁体制下，吏部被授权在选

---

[1]《通典》卷一七《选举五》，第403页。
[2]《通典》卷一七《选举五》，第413页。

官过程中，担负度德、量才、计劳的重任，但随着选人盈众、案牍浩繁，已无法胜任。度德早就被虚设待之；量才则弊端丛生，抨击四起；计劳（即计资）的职能却日益发展，并且往往因其发展而成为人们抨击的口实，越到后期越是如此。贞观时，吏部尚书杜如晦答太宗问时说："今每岁选集动逾数千人，厚貌饰辞何可知也。选曹但校其阶品而已，若论才辩行未见其术。"而"吏部之法（即铨选），行始二十余年"，"已为弊矣"[1]。可知太宗贞观时，弊端已显。玄宗开元三年左拾遗张九龄上书言道，吏部选人固守条格，据资配职，故使时人有平配之议[2]。但因"选人既多，叙用不给"，以及"有出身二十余年而不获禄者"，于是高宗"总章二年（公元669年），裴行俭始设长名姓历，引铨注之法。又定州县官资高下升降以为故事。其后莫能革焉。"开元十八年，行俭子光庭又"作循资格，定为限域。凡官罢满以若干选而集，各有差等，卑官多选，高官少选，贤愚一贯，必合乎格者乃得铨授。自下升上，限年蹑级，不得逾越"。这样一来，收到了两个效果：一是"小

---

[1] 《通典》卷一五《选举三》，第363页。
[2] 《通典》卷一七《选举五》，第414页。

二、合久必分:举与选的分途

有常规";二是"久淹不收者皆荷之"[1]。循资格的确立,立刻引得非议四起。洋州刺史赵匡曾感叹此一举致使"才俊之流,坐成白首"[2],优秀人才不能脱颖而出。唐后期对铨选制的抨击,就改发议论为提出改革方案了。从赵匡的《举选议》和沈既济的《请改革选举事条》[3]看,吏部试判与量资授职是被改革的重要内容。中央朝廷为了克服铨选"平配"之弊,也采取了一些措施,如扩大吏部科目选,引进经史诸科,一些清要官、亲民官单独选拔,等等。这些措施有利于有才识之士脱颖而出,从而适应唐后期招揽人才、稳定政局的需要,这使大多数选人,包括庸碌之辈,在他们六十岁时也可混到"一尉",侥幸者或许躐级到更高一些的职位。这种"常规"也是中央集权体制下,控制日益膨胀的官僚队伍越来越需要的。这一趋势在宋代,终于确定为吏部以审核、铨叙为主要职能(仅就选官)。宋初还有试判一项,后亦不存。铨叙的机构发展得更加细密和庞大,对依资磨勘、改官、迁转、保任等资序的要

---

[1] 《通典》卷一五《选举三》,第361页。
[2] 《通典》卷一七《选举五》,第420页。
[3] 《通典》卷一八《选举六》,第450页。

求更加严格,等级也更多了。

3. 科举制发展的趋势及经史诸科

科举制在唐朝得到较大发展,虽然常举、制举科目繁多,但进士一科逐渐处于独重地位,并且代表整个科举制发展的趋势。隋朝进士科试策,唐太宗时曾加试经、史,高宗末进士又加试杂文,于是"为进士者皆诵当代之文,而不通经史"[1],天宝年间始专诗赋;德宗(公元779—805年在位)时,中书舍人赵赞权知贡举,"乃以箴论表赞代诗赋而皆试策",文宗(公元826—840年在位)太和八年(公元834年)复试诗赋[2],由于诗歌本身的发展及统治者的大力提倡,造就了唐朝诗歌繁荣的黄金时期,进士科以诗赋为主也就成为势所必然的了。"士无贤不肖,耻不以文章达"[3],而诗歌正是当时文章所能达到的最高意境。对文辞之崇尚,被一些人指斥为"浮华",并且能追溯到曹魏和

---

[1] 〔宋〕欧阳修、宋祁:《新唐书》卷四四《选举上》,中华书局,1975年,第1166页。
[2] 〔宋〕司马光:《资治通鉴》卷二四五"太和八年十月"条,中华书局,1956年,第7898页。
[3] 《通典》卷一五《选举三》,第357页。

二、合久必分：举与选的分途

南朝之文风，认为此风扰乱国政，妨碍修身，降及隋朝，余风尚存。虽然隋文帝（公元581—604年在位）有所抑制，但隋炀帝（公元604—618年在位）复以"浮虚为贵"，唐朝亦然。从唐太宗起，尚文辞、崇进士已屡受非难，如前举贞观二十三年，张昌龄、王公谨二位才俊名士应进士举虽"声振京邑"，却被主考官以"其体轻薄、文章浮艳"为由而黜落。此后，诗赋取士屡遭诘难，帖经形式又只限于记诵的较低级层次，"明经多抄经义"，"进士唯诵旧策"[1]，或进入死胡同，或不能适应新形势，如何才能找到德、才相统一的形式呢？经史诸科在唐后期的兴起及考经史内容的变化，正是这种要求的产物。

唐后期对举选二途应振兴儒教、修身务本的呼声很高，并且成为设置经史等科的理论依据。唐后期的礼、史、经传诸科，已不大采取帖经或抄撮义条的狭隘、低层次的方式，而以记诵经义为主。这种由帖经向经义侧重，无疑是科举制具有重要意义的变革的前奏，它不仅为试经（史、传、礼）开辟了新的天地，

---

[1]《文献通考》卷二九《选举二》，第271页。

也为科举制以诗赋取士必定要完成它的历史使命的进程，注入了新的生机。对当时的统治者来说，史、传、礼诸科的设置与考试要求至少在形式上体现了德才统一的原则。

宋代以后，进士科仍独步士林，但它的考试内容及形式却源于唐后期的诸科。这种大义是否完全等同于仅限经书内容的问答，也不一定，至少在唐后期，应有所变化。《唐会要》有一段记载，代宗宝应二年（公元763年）礼部侍郎杨绾奏贡举条目曰："孝廉各令精通一经。其取左氏传、公羊、穀梁、礼记、周礼、仪礼、毛诗、尚书、周易任通一经。每经问义二十条。皆取旁通诸义、务穷根本。"[1] 当然这是就孝廉举而言，但对问经义的要求，应该说是体现了一种趋势，即求旁通、穷根本的精神，也就是对义理的阐发。再如德宗建中二年（公元781年），中书舍人权知礼部贡举赵赞上奏曰："应口问大义明经等人，明经之目，义以为先，比来相承，唯务习帖，至于义理，少有能通，经术浸衰，莫不由此"[2]，指出试经只习帖，不阐发义理，必

---

[1] 《唐会要》卷七六《贡举中》，第1396页。
[2] 《唐会要》卷七五《贡举上》，第1374页。

然衰败,文宗太和七年(公元833年)礼部奏举进士"先试帖经,并略问大义,取经义精通者,次试议论各一首,文理高者便与及第。其所试诗赋并停。……其所试议论,诸限五百字以上为式。敕旨依奏"[1]。这是直接以议论代替诗赋,议论的内容应是以阐发经义为主(因策是针对现实而发的议论)。这一趋势并不是没有曲折反复的。但总的来讲,考试内容转向渐重经史(包括礼),考试形式渐重阐发经义,并要求文理俱佳。

因此,举选分途是官吏选拔过程中的必然趋势,也反映了统治者选拔人才方式从形式、标准到内容的曲折变化过程。

(四)考试原则的层层渗透

第一层次,选拔环节,层层考试。不仅是参加科举的考生要进行考试,选官任官的每个环节都要进行考试。担任胥吏要进行考试,门荫出身担任卫官也需要考试选拔,所有取得出身可以有资格参加吏部铨选

---

[1] 《唐会要》卷七六《贡举中》,第1381页。

的选人也要参加考试才能注拟官阙。第二层次，任官的环节也有各种规定以防范徇私。官的任职是有回避规定的，如原籍回避，即不能担任原籍的地方官；亲属回避，如果有亲属关系，不能在同一部门或相关部门任职；有同门关系或者师生关系，也要回避。第三层次，荐举环节，如果中高级的官吏荐举了某些人才，有保举的权利，也有连坐的结果，即荐举不当要受到处罚。

再回到选拔环节，"取士不问家世"，不再重视家世背景，是科举制最受推崇的原则之一，但纯粹不问家世是在宋朝，一些方式也为我们今天所吸收，比如糊名，把考卷上考生的名字糊上，卷子弥封。锁院，宋代的主考官是临时宣布的，事先不知道，当场宣布后即刻由宣布的宦官带走，不得再跟任何人联系，其实也无法联系，带到专门的一个房间里，叫锁院，切断了与外界的一切联系，避免亲朋好友高官权贵的请托，或考题的外泄。誊录，考生的卷子可能会做记号，专门设有誊录官，把所有的卷子全部抄一遍，没有笔迹的痕迹，杜绝串通作弊。别头试，当朝宰相的子弟们都要单独考试，避免考官慑于权势而录取有所偏好。

这些措施保证了"取士不问家世"[1]得以真正实行,这时候应该说才正式"以程文为去留"[2],即一考定终身。唐朝对工商及其子弟参加科举考试和做官都有限制,甚至规定官员的近亲(大功以上)不能有从事工商业的。宋朝时,这些规定都取消了,科举考试对一般平民开放,包括工商子弟。

(五)任用与监督

任用环节,同司回避,亲属关系,师生关系,同门关系,不能在一个官署里面。有些文件需要联署的,上述这些关系,任官也要回避。还有司法回避,如果某人在本县或者本地区犯了案,不能由当地审判,需要到别的地方审判。这样可避免中间环节的徇私舞弊。

晋升环节,也可以列为第四层次。晋升有严格的考课制度,年年考核。考课有严格的标准,唐朝的考课标准是"四善二十七最",据《唐六典》载,四善,"一

---

[1] 〔宋〕郑樵:《通志二十略》氏族略第一《氏族序》,中华书局,1995年,第1页。
[2] 〔宋〕陆游:《老学庵笔记》卷五,中华书局,1979年,第69页。

曰德义有闻,二曰清慎明著,三曰公平可称,四曰恪勤匪懈"。这实际上是对官德的要求,是每个官员都必须做到的。"二十七最"是对具体职责的要求,如"铨衡人物,擢尽才良,为选司之最","部统有方,警守无失,为宿卫之最","访查精审,弹举必当,为纠正之最","谨于盖藏,明于出纳,为仓库之最",等等,不一一列举。官吏考核分为三等九级,即上、中、下三等,上上、上中、上下,中上、中中、中下,下上、下中、下下九个级别。按"四善""二十七最"的标准,一最四善为上上,一最三善为上中,一最二善为上下,无最二善为中上,无最一善为中中,职事粗理、善最不闻为中下,爱憎任情、处事乖理为下上,背公向私、职务废缺为下中,居官谄诈、贪浊有状为下下。考课评级为中中,一般不升不降,中上以上,晋级、升迁、奖励等,中下以下根据情况有降级、罚俸、解职等处罚,重者还会送交司法机构处理。当然执行中,主观因素也很大,卢承庆贞观时为考功员外郎,典选校百官,有一官督漕运,遭风失米,承庆考之曰:"监运损粮,考中下。"其人容色自若,无言而退。承庆重其雅量,改注曰:"非力所及,考中中。"既无喜容,亦无愧词。

承庆嘉之，又改曰："宠辱不惊，考中上。"[1]也竟然成为历史上不因事废人的一段佳话。

唐太宗还非常重视地方官的人选。把各地的都督、刺史的名字写在屏风上，将他们的成绩一一记录在名下，作为决定他们官职升降的依据。地方长官按规定每年进京汇报一次。

各项制度的保证，还有监察制度、勾检制度。中央有御史台，负责监察包括宰相在内的百官。监察机构一般直属皇帝，在官僚系统中具有相对的独立性，地位很高，权柄很大，有直接监察、接受投诉、弹劾官吏、处置案件等权力，甚至可以"风闻奏事"（不需要证据）。不仅有对官员的监察权，而且有行政权和司法权，并有保障这些权力不受干扰阻碍的种种规定（当然也有限制这些权力被滥用的种种规定）。勾检制度，负责日常事务和公文履行的审核，更重要的是对财政经济的稽查，相当于今天的审计系统，最高机构是尚书都省的比部，比部是尚书刑部四司之一，中央各级各部门、军队系统的诸卫、地方行政机构从大都

---

[1] 《资治通鉴》卷二〇一"高宗总章二年"条，第6358页。

督府到县一级都有专门的勾检官,可以直接向上奏事。监督和审核公文履行是不是符合规范,是不是在有效的期限内完成。对财务支出的审计也有严格的制度和程序。担任勾检官的都是各部门品级比较低的人员,一般是七、八品的低品官。但是他们在履行勾检职能时,属于垂直领导系统,直接隶属于中央的尚书都省。

三、清浊自见:从世胄跌落到门荫的世家子弟

凭借祖父荫绪入仕(或享有优先入仕特权),是中国古代选官制度的重要组成部分,门阀士族与官僚集团的合一,促使魏晋南北朝时期,形成只凭门第、家世高下确定入仕品第及升迁次序的九品中正制,这是一种近乎封闭、凝固的选官方式。

唐朝的门荫与魏晋南北朝的门第是有所区别又有一定联系的两个概念。唐朝门荫制度继承前朝而又有所发展,远比前朝完备。门荫特权的持有者的主体为皇亲国戚及当朝权贵,族望门第不具有享受门荫特权的法律地位。社会的变动与王朝的更迭,使重新组合的唐统治集团与魏晋南北朝相比,更具有广泛性与开放性,亦使为统治集团及权力结构服务的门荫制呈现

具有导向意义的特征,与之关联的选官制,也进行了带有倾向性的调整。

(一)唐朝门荫制的特点

1. 层次之分

按唐令,皇亲、国戚、尚主、爵位、散品、职事品、勋品,都享有门荫特权,并按亲疏、品级、类别分成若干层次,不同层次的群体享有不同层次的特权。

除用荫结品达散品四品以上者,可直接参加铨选外,绝大部分中高级官僚子弟须通过入学、充任卫官、斋郎、挽郎等途径才能入仕。下级官吏(六品以下,九品以上)虽无门荫特权,但其子弟可以品子身份充任各种杂掌,有望博得一官半职。

作为制度本身,唐朝门荫制具有等级分明、档次拉开、体制完备的特点,但若从大的历史进程来看,唐朝门荫制是在门阀士族衰落、门阀专政结束后,为新形成的官僚地主集团服务的制度,因此,又具有新的时代特征。

三、清浊自见:从世胄跌落到门荫的世家子弟

以当朝品秩(权贵)定高下的原则。门阀制度的特点之一是门第、官品、权力三位一体。唐初,门阀士族的势力依然残存,在政治上和社会上都具有一定的影响力,唐统治者采取优容政策,吸引他们参与政权,并在用荫上予以优待。例如,齐资、隋资都有用例,即使祖、父辈并无显赫官职,仍可以"荫望隆重"直接参加吏部选集,铨注得官。

但是这种优容是有限度的。唐朝是中央集权体制的国家,官僚体制及权力结构均为金字塔形,因此,抑制大族、士族势力的发展,是唐统治集团维护其根本利益必然采取的措施。太宗及高宗、武后时期重修氏族志和姓氏录,重新排定士族位次,就是要从社会地位上抬高皇族以及从属于皇权的官僚集团,抑制士族,明确制定"以今朝品秩为高下"[1]的评定地位高低、尊卑等级的原则,附属于皇权及为中央集权服务的门荫制,这一原则体现得尤为彻底。

唐朝的制度,凡宗室、外戚、品官、勋官的子孙都享有门荫特权,他们依祖父辈的地位、官品、爵位、

---

[1]《资治通鉴》卷一九五"太宗贞观十二年"条,第6136页。

勋级享有档次分明的直接用荫、间接用荫的待遇，否定了门阀专政时期的门第高低作为享有世袭特权的原则。虽然在习惯势力的作用下，仍有不少人因门第清望而捷足宦途，但就门荫制本身来讲，门第并无任何法律地位。

据毛汉光先生统计[1]，在《新旧唐书合钞》一书中，标明纯以门荫入仕者共144人（不包括初由荫任后又应科举者、宗室子弟及以父祖功勋而特拜子孙官者），其中大士族及士族53人，唐朝武族及袭爵、尚主、公主子、亲戚共91人，如加上宗室及特拜官者，当远不止此数。这53个大士族及士族出身者，绝大多数是凭祖、父在唐朝的官品而得以以门荫入仕的。因此，可以说，在门荫入仕群体中，当朝权贵子弟占有绝对优势，大小士族、新老士族都无法仅凭门第取得世袭高位。唐后期，一批大士族族支旺盛，子孙连蹈高位，但这却是与门第因素最为淡薄的科举制和辟署

---

[1] 毛汉光：《唐朝荫任之研究》，《"中央研究院"历史语言研究所集刊》第55本第3部分，1984年。

制结合的产物[1]。

在"以今朝品秩定为下"原则推广的过程中,由于唐朝社会及唐朝官僚体制仍处于调整和过渡时期,因此门荫制在实施时,门第因素的影响力还继续存在,但总趋势是逐渐减弱的。

2. 门荫享有者在选官体制中的整体层次呈下降趋势

唐朝门荫享有者与魏晋南北朝的门阀士族子弟相比,在选官体制中的整体层次明显下降,具体表现在借荫出身者在入仕的起点及升迁的最高极限上呈现同步下降的趋势。

按唐令,用荫者无起家官,与魏晋南北朝的门阀士族子弟的生而具有门第二品、起家便为中品官相比,入仕起点显然降低了。唐令规定,高资荫者,亦须先据门荫结散品。依散品参选,吏部铨试通过后,才能授予相应的官职。一般的卿相子弟,父虽居二、三品高位,初授之职也不过为八、九品的低级官吏。三品

---

[1] 吴宗国:《进士科与唐朝后期的官僚世袭》,《中国史研究》1982年第1期。

选官与文化

以下官的子孙所荫散品，很难直接通过铨选得官，只有从其他途径才能入仕。太宗贞观时，曾欲实行诸王及功臣任刺史者，"咸令子孙世袭"[1]的制度，旋废。唐朝正史及碑志中，"起家为某某官"屡有出现，但只是对某人初任某官的一种措词，与魏晋南北朝的"起家官"含义已大不相同。虽然出身与官任仍有联系，如武则天神功元年（公元697年）制文曰："勋官、品子、流外、国官出身，不得任清资要官。应入三品，不得进阶。"[2]但这种联系与"士庶天隔"的门阀制度相比，已属于不同的政治制度了。

当然，无起家官，并不排除公卿贵戚子弟处于入仕起点高、升迁快的优越地位，在特殊情况下，更是如此。例如，李义府，高宗时拜相，位至中书令，"诸子孩抱者并列清官"，其少子湛，"年六岁时，以父贵授周王文学"[3]。李晟，"立大勋，诸子犹无官"，因宰相奏陈，德宗立即召李晟子愿，拜为银青光禄大夫（从

---

[1]《资治通鉴》卷一九五"太宗贞观十一年"条，第6130页。
[2]〔后晋〕刘昫：《旧唐书》卷四二《职官一》，中华书局，1975年，第1807页。
[3]《旧唐书》卷八二《李义府传》，第2771页。

三、清浊自见：从世胄跌落到门荫的世家子弟

三品散官)、太子宾客（正三品）、上柱国，"兄弟同日拜官者九人"；少子听，"七岁，以荫授太常寺协律郎"[1]。这种因功、因勋、因贵、因特殊贡献而超拜子孙官者，有唐一代，屡见不鲜，但均属恩出于上，而非凭本身门第或门荫制按常例应享有的特权，在一定意义上，特拜官者已超出了门荫制下的选官范畴。

唐朝以门荫入仕者，除起点大大低于门阀士族子弟外，升迁速度也大为减慢，因此，作为这一群体上升到统治集团的决策层的比例亦逐渐减少。唐后期，这一趋势就更加明显了。魏晋南北朝的高门士族，只要"平流进取"，便可"坐至公卿"的现象，在唐朝已绝无仅有了。大多数人三十方入仕，四十方得从事，而六十未离一尉[2]。除少数宗戚近属及当路权势子弟外，绝大多数人辗转于下位，即使有幸以荫绪宿卫，不少人仍终老未得一官。唐朝墓志中以"吏部常选"或"兵部常选"置头衔者不少[3]，表明这些人已取得做

---

[1]《旧唐书》卷一三三《李晟传》，第3676页、3682页。

[2]《新唐书》卷四五《选举下》，第1177页。

[3] 河南省文物研究所等编《千唐志斋藏志》(文物出版社，1984年)和毛汉光《唐朝墓志铭汇编附考》("中央研究院"历史语言研究所专刊)都有这方面的材料。

官的资格,而始终未能铨注得官。其中有一批人是门荫特权的享有者,如杨偘,祖为秦州录事参军,父为行汉州司马,均属中级官吏,杨偘以荫得为卫官,虽"屡历铨衡,频移岁稔",却始终未得到正式官职。[1]这种中下级官吏子弟,如本人无特殊才华与机遇者,升迁的希望是较为渺茫的。

高门子弟又如何呢?有两组统计数字值得注意:一组是毛汉光先生作的唐十八家大士族子弟为相者进士第比例统计[2],趋势是:进士第比例中期大于前期,后期又胜于中期。具体而言,唐前期百年内,纯门第与进士第各占60.6%和12.6%,中期百年内为43.1%和33.3%,后期百年内为12.7%和82.2%。另一组是吴宗国先生所作的唐后期宰相中门荫与进士出身的比例[3],德宗朝宰相35人,门荫入仕者10人,进士出身者13人;宪宗(公元805—820年在位)朝宰相29人,

---

[1] 《大唐故吏部常选杨府君(偘)墓志铭并序》,《千唐志斋藏志》,第764页。
[2] 毛汉光:《唐朝大士族的进士第》,《"中央研究院"成立五十周年纪念论文集》,1978年。
[3] 吴宗国:《进士科与唐朝后期的官僚世袭》,《中国史研究》1982年第1期,第40页。

三、清浊自见：从世胄跌落到门荫的世家子弟

门荫入仕者4人，进士出身者17人；文、武宗两朝共有3人以荫入仕至相位；宣宗朝则只有李德裕一人，在相位仅6天。两组统计数字代表了唐朝的两种趋势：一是在影响能否跻身于统治集团高层的主要因素中，门第的因素仍在起作用，但其影响逐渐下降，唐后期已退居为次要因素；二是在门第因素退居为门荫入仕的次要因素后，以仕唐官品高下为准的门荫入仕者，亦在影响能否跻身统治集团高层的诸因素中，地位急剧衰落，升至宰执的绝对数量及相对数量明显减少，如果扩大到一般清要官范围考察，这两种趋势也是很明显的。

因此，虽然唐朝以门荫入仕，在唐前期的诸种选官形式中，占有较大优势，但以门荫入仕者从入仕起点及升迁极限两方面来看，则远远低于魏晋南北朝的门阀士族子弟，门荫入仕群体在选官体系中的整体层次呈明显下降趋势。唐后期，这一下降趋势更为明显，一直延续到北宋。古人、今人均指责"恩荫太滥"是造成北宋冗官现象的主要原因，但北宋门荫入仕的群体，虽然人数比唐更为膨胀，而起点更低、升迁更慢，登相位者更少，社会地位也更低，这点正是官僚政治

逐渐强化的具体体现。

3. 门荫入仕与层层简试

唐朝选官制度与前朝相比，一个重要特色即选官过程的层层简试（五品以上另作别论），这反映了政治的要求及社会的要求。从政治角度看，中央集权的官僚体制，对官吏的文化素养、处理政务的实际能力，都比门阀专政时期有着更高的要求（就整体而言）；从社会发展的角度看，随着社会经济的发展，社会文化水平也逐步提高，中小地主、中下阶层人士的文化水平亦得到相对提高。唐统治者为扩大统治基础，必须将各阶层的优秀分子吸收到政权中来。一般来讲，只有具有一定文化素养的人，才能作为本阶层（或阶级）的代表被统治阶级所吸收、利用（特殊情况及军职除外），选官过程的层层简试正是在这一前提下发展形成的。

科举入仕，作为唐朝选官的主导形式，是考试择人原则的最高体现。一般人虽然将门荫与科举相对立，但实际上，受科举考试取人、平等竞争原则的制约，门荫特权享有者若想入仕，亦须通过层层简试。

三、清浊自见：从世胄跌落到门荫的世家子弟

入学馆者。学馆生徒的出仕途径与科举同为一辙，但从它的招生范围看，主要的弘文馆、崇文馆、国子学和太学，门荫的高低是选补与否的决定性因素[1]。尤其是弘文、崇文两馆生，门荫高、课试浅、出仕早、升迁快，是对宗戚近枝及宰臣子弟的优遇措施。国子学和太学是以中高级官吏子弟为主要招收对象，学成者及举送礼部都有严格的考试规定，及第者才能参加吏部铨选。

用荫结品者。唐制，散官四品以下，均须先到吏、兵二部番上，两番以上，经过简试，通时务者始令参选。照此规定，以门荫结品最高的嗣王、郡王（结为从四品下），亦须当番。但实际情况并非完全如此。一般是朝议郎（散品正六品上）以上，才真正当番[2]。按规定，散官当番须经过两次考试才能得官，一次是两番以上本司简试，另一次是吏部铨选。

以门荫充任卫官者。主要有千牛备身、备身左右、进马、三卫等。挑选时有一定体貌要求，但无考试规定，

---

[1] 《新唐书》卷四五《选举志下》，第1173页；《旧唐书》卷四二《职官一》，第1783—1815页。

[2] 《旧唐书》卷四二《职官一》，第1783—1815页。

各有不同的考限，考满后本司简试，合格者方可参加吏部或兵部的铨选[1]。因此，卫官须经过两次考试，方可得官。

任斋郎。入选斋郎（主要是太庙斋郎与郊社斋郎）对祖父辈的荫品要略低于三卫，但拣择时对本人文化水平要求略高，均须"试两经，文义粗通，然后补授"[2]，考满后由礼部简试中第者方可赴吏部铨选。因此，斋郎得官须通过三次考试。

品子。下级官吏（六品以下，九品以上）子弟，无高荫可庇，又无文才武略以进身者，可通过品子身份充任各种杂职掌，考限一般为十数年，考满后经过本司简试合格，获得出身——散官（不合格者继续纳资或退回），再依散官参选的有关规定，经过若干次简选，有可能获得流外之职乃至低级官职[3]。虽然上达者极少，但毕竟为他们提供了比一般平民更为优越的入仕机会，这种品子制也属于门荫特权的派生物。

---

[1] 参见〔唐〕李林甫《唐六典》卷五《尚书兵部·兵部郎中》、卷四《尚书礼部·礼部尚书》（三秦出版社，1991年）。
[2] 《唐六典》卷四《尚书礼部·礼部尚书》，第84页。
[3] 《新唐书》卷四五《选举志下》，第1174页。

三、清浊自见：从世胄跌落到门荫的世家子弟

对于门荫入仕过程中的考试，由于标准低，要求不严格，当时人早有非难。高宗朝吏部侍郎魏玄同因选举"未尽得人术"，上疏曰：

> 今贵戚子弟，例早求官。髫龀之年，已腰银艾，或童卯之岁，已袭朱紫，弘文崇贤之生，千牛辇脚之类，课试既浅，艺能亦薄，而门阀有素，资望自高。……少仕则废学，轻试则无才，于此一流，良足惜也。又勋官三卫流外之徒，不待州县之举，直取之于书判，恐非先德而后言才之义也。[1]

魏玄同之本意是指斥因"课试既浅"及"轻试"，使贵戚高官子弟可以"例早求官"，三卫之流又直取书判而不论德行。但从另一方面也可看出，对门荫入仕者的考试尽管可能流于形式，毕竟这一形式是存在的，比没有任何考试程序便可直接起家为官的门阀世袭制，显然是一种社会进步的表现。例如，斋郎，名额有限，又有一定考试要求，当然会筛下去一大批不

---

[1]《旧唐书》卷八七《魏玄同传》，第2851—2852页。

能粗通两经的候补者。吏部铨选一关，也有一定数量的人通不过，则终老只能以"吏部常选"的身份入葬。

4. 门荫特权享有者在整体层次降低的基础上范围扩大

门荫特权享有者在整体层次降低的基础上，范围不断扩大、人数不断增加的趋势，是唐朝门荫制不同于前朝的又一特点。一品到九品官及勋、爵等，都有荫子孙或子孙享有较平民优先的入仕机会。由于唐朝官员数字不断增长，而官僚队伍本身又处于相对的变动中，因此，所荫人数也不断增加。唐朝为门荫入仕者提供入仕机会的几条途径，亦是前朝所未有的规模。弘文、崇文两馆生，名额 50 人，国子、太学两学生徒，共 800 人，斋郎 360 人，千牛备身 80 人，备身左右 256 人，进马 16 人，诸卫、三卫监门直长 39 462 人，执仗、执乘每府（王府）32 人，亲事、帐内万人，纳课品子万人[1]，组成一个环绕金字塔形官僚队伍的外围的更大的金字塔，形成层次分明、清浊分途，制度完

---

[1]《新唐书》卷四五《选举下》，第 1180 页。

三、清浊自见：从世胄跌落到门荫的世家子弟

备与官僚阶层构架相吻合的门荫体系。唐朝门荫还有其他特例，如宗子岁放出身若干，挽郎优事放选，恩赏得官等，人数也相当可观。此外，唐后期辟署官也有用荫之例，甚至宦官亦为假子请荫[1]，正符合唐朝官僚体制变化的趋势。这种范围不断扩大，人数不断增长的势头，一直持续到北宋（五代时有明显回落）。北宋门荫制，不仅可以荫及子孙，亲族、门客都可假荫入仕，成为宋代冗官局面形成的最主要原因。

（二）唐朝门荫制在选官实践中的意义

唐朝门荫制处在隋唐五代这一带有转折性及变革性特点的历史时期，具有明显的双重性，它既是几百年来世袭、世荫特权的法律体现，又是对魏晋以来以族望门第确定在选官体系中的地位的原则的（带有倾向性的）否定。

无疑，唐朝门荫制保证了当朝权贵子弟以较高的起点（平行比较）进入仕途，是与等级分明的官僚体

---

[1]《资治通鉴》卷二四六"文宗开成五年"条，第7948页。

制相适应的一种等级分明的优遇制度。它使贵戚及大官僚子弟可以优先入仕,并较快地上升至官僚队伍的中高层,又使大批中下级官吏子弟可享受到比平民百姓更为便利的获取出身及入仕的机会,从而扩大和稳定统治的中下层基础。

唐朝门荫制与门阀士族世袭高位的制度相比,享有者整体层次下降,档次拉开,范围扩大。在选官体系中重心下降,可避免世袭制可能导致的高层权力多元化,不会再出现门阀专政时期,皇权式微,几大士族联合执政,如"王与马共天下"的政治格局,旧族新贵都无法利用门荫特权形成可与皇权相抗衡的力量,凡高门、盛族、显宦之家均须依附于皇权之下,子孙才有跻身官僚队伍的机会,一旦失去了皇权所赋予的门荫特权,子孙大多沉沦不显,除非另辟他径才有进身机会。

门荫与科举历来作为两种对立物而相提并论,其实,二者亦存在相互联系与相互渗透的关系。科举入仕者,在两个方面受到门荫特权的影响,一属间接性质,即凡中第者,祖、父辈的官品、权势、政治背景往往起了相当大的作用;一属直接性质,唐令规定,

三、清浊自见：从世胄跌落到门荫的世家子弟

应明经举者，上上第，获散品从八品下，凡本荫高者明经及第，可以比同等第而无荫品的举子高若干阶的有利条件赴吏部参选（由于进士一科与荫品的关系史无明载，故无法推断）。这正是因为科举一途在初行阶段，还未能摆脱门荫特权的直接与间接的影响和渗透，与唐朝官僚体制还具有一定的贵族政治色彩是相适应的。门荫入仕者则在层层简试这一环节上体现出科举平等竞争、考试择人原则对其的制约。考试虽多流于形式，但毕竟存在竞争，在一定程度上可以起到保证官僚队伍的基本素质、抑制门荫特权膨胀及门荫入仕群体过快增长的作用。

（三）唐朝门荫制的衰落及其原因

唐朝门荫制的衰落有两层含义：一是纵向相比（与前朝相比），世袭的成分下降（即父与所荫子孙之间品级差距加大）；二是与其他仕途横向相比，逐渐衰落，而科举、荐举、辟署等入仕途径，虽然兴起时间参差有别，但在唐后期都保持了上升的趋势。

1. 唐朝门荫制的衰落

以门荫入仕者比之占主导地位的科举一途，有着"此一彼十，此百彼千"的数量优势及入仕门径。唐后期，一批高官贵势子弟，仍能凭借门荫特权维持自己的社会地位，但唐后期，门荫制的衰落确是无可争辩的事实。可从以下几方面看：

一是唐中央不断整顿和缩减门荫入仕的数量与途径。贞元时，韩愈上《省试学生代斋郎议》[1]，提出了一些建议。文宗太和元年（公元827年）、太和三年、太和五年、太和八年实行了一系列具体的厘改措施，对山陵挽郎的候补人身份、三卫的补选、用资，两馆生、斋郎、掌坐、千牛、进马等进行了重新规定和定额[2]，总的精神是削减名额、封堵门径，以期在一定程度上扭转和抑制勋臣贵戚子弟的入仕特权。唐后期，其他

---

[1] 〔宋〕李昉等编：《文苑英华》卷七六五，中华书局，1966年，第4027页。

[2] 参见《册府元龟》卷六三一《铨选部·条制三》；〔宋〕宋敏求编《唐大诏令集》卷七一《太和三年南郊赦》，商务印书馆，1959年，第397页；《唐会要》卷五九《尚书省诸司下·兵部侍郎》；《册府元龟》卷六四一《贡举部·条制三》。

三、清浊自见:从世胄跌落到门荫的世家子弟

途径的入仕者数量增长更快。

二是门荫出身所能达到的最高极限呈下降趋势。唐朝初年,门荫出身的宰相居多,武则天时,科举出身的宰相的比例已迅速上升,这一上升趋势持续到唐后期,科举出身(主要是进士)的宰相占有绝对优势,在清要官范围内,也同样如此[1]。

三是门荫出身者社会地位下降并在舆论上受到轻视。在魏晋南北朝被视为清流、正途的门荫入仕群体,唐朝已有人将其与"经学时务者"相对立,或与流外之徒并称。主要凭资荫进身,已受到明显的轻视。这种舆论及观念上的转变是与对科举尤其是进士科的崇重密切相关的,正所谓"开元以后,海内宴轻,士无贤不肖,耻不以文章达"[2]。很多贵族、高官子弟都主动或被动走科举入仕的途径了。

---

[1] 刘海峰:《唐朝选举制度与官僚政治的关系》,《厦门大学学报》1989年第3期。
[2] 《通典》卷一七《选举五》,第408页。

2. 唐朝门荫制衰落的原因及选官基础的调整

隋唐五代,是身份性社会向非身份性社会转化时期,门荫制在唐初,仍具有较浓厚的身份性色彩,当身份色彩逐渐淡薄后,门荫制则主要反映了中央集权下官僚集团的等级特权,它的衰落成为历史的必然。

官僚集团与门阀士族集团相比,显著的特点是变异性大。一是统治集团处于不断更新的过程中,武则天和德宗以后曾有两个高潮;二是除皇族相对稳定外,随着宦海沉浮、人事沧桑,任何个人或家族都不可能仅凭门荫世袭高官显位。位极人臣的姚崇仍有子孙将失覆荫之虑,曾遗令诫曰:"比见诸达官身亡以后,子孙既失覆荫,多至贫寒,斗尺之间,参商是竞。"[1]有唐一代,君主的更迭,朋党的倾轧,宦官的干政,藩镇的兴起,都造成政事更加纷繁,而加大了官僚集团的变异性。

从门荫制度本身看,与蓬勃发展的科举制及唐后

---

[1]《旧唐书》卷九六《姚崇传》,第 3026 页。

三、清浊自见：从世胄跌落到门荫的世家子弟

期兴盛的荐举制、辟署制相比，更具有落后性、保守性、封闭性。由于"课试既浅"，待遇又优，使门荫入仕群体素质较低，或"技能浅薄"，或"素无艺能"，再加上变易昭穆、假市门资的现象越来越严重，大批伪冒者混入其中，使得鱼龙混杂、素质更低，已无法适应唐后期复杂、多变的政治形势的需要。科举制的发展，以及唐后期盛兴的荐举、辟署两种选官形式，为唐中央及地方藩府开辟了广阔的人才之源，社会及统治所需要的文辞之才、经济之才、权变之才、吏能之才，都主要由此三途发现、选拔、培养、重用。由于幕职的选任不拘格限，及辟署制的跳跃性与容纳量，再加上科举、荐举与辟署的结合，大批中下阶层人士拥入仕门，使选官的基础进一步扩大与下降。

唐朝门荫入仕者的入仕途径主要是通过吏部铨选得官，但唐后期中央集权的削弱，导致吏部铨选职能的被分割与作用减低，表现之一便是本由吏部控制的官阙大量流失，往往出现"吏曹注拟无阙"[1]的窘迫局面。结果，人数渐多，入仕之路日益狭窄，即便是公

---

[1]《册府元龟》卷六三一《铨选部·条制三》，第7574页。

卿子弟，也多另辟他径，以求进身升迁。

对唐后期出现的"商贾贱类，台隶下品，数月之间，大者上污卿监，小者下辱州县"[1]的社会变化，自诩清流者常大惑不解，极力倡议应鉴清九流，绝侥幸之路。其实，这种社会变化反映了唐后期及五代选官基础的调整，奠定了五代乃至北宋创建者的成分，代表了整个社会发展的一个趋势。

---

[1] 〔清〕董诰等编:《全唐文》卷三八〇元结《问进士·第二》，中华书局，1983年，第3860页。

四、"一命之官悉归吏部"

铨选制的渊源至少可上溯到汉成帝时置尚书分曹治事,其中以二千石曹尚书典选举。汉光武时改常侍曹尚书为吏曹尚书。此后,历经魏晋南北朝,官制虽多有变更,但随着三省六部制的逐渐形成,吏部主选始终未变,只是选权的大小、外延内涵有所不同。隋朝强化中央集权,"一命之官悉归之吏部",为铨选制的最终确立铺平了道路。铨选制作为唐朝选官体系的重要组成部分及关键环节,作为中央集权下的官僚体系制度化、严密化的标准之一,一方面它的逐步完善是与官僚制度的逐步完善同步的,它所奠定的选官格局和选官原则为后世所仿效;另一方面,它所产生的积弊,亦是中央集权无法克服的矛盾之一,并为后世所继承。

（一）铨选制的逐步完善

铨选制的正式确立，若以吏部专总选官大权为标志，则始自隋。若以循资格原则的普遍实施及选官层次的正式定型为标志，当在唐玄宗开元年间。这里以吏部专总为确立标志，以唐初到开元年间为其完善阶段。

关于唐朝铨选制，《新唐书·选举志下》有一段概述，可归纳为：颁格州县、取解台省，南曹检勘，三铨试、察，长名留放，三唱三注，依格拟官，都省审覆，门下过官，授予告身，廷谢圣恩。铨选的择人标准为：身、言、书、判；德、才、劳。隋朝虽然奠定了吏部专总、分层次选官（包括文、武分途）等基本原则，但在选司机构、铨选全过程的程式化、选任标准等方面都未定型和规范化，某些原则尚未深化。唐初承隋制，亦不严密，一直到玄宗开元年间，铨选制的完善化过程才基本完成。其完善的标志应包括以下几点：（1）分层次选官的深化；（2）铨选过程的规范化；（3）循资格原则的普遍实施；（4）选司机构的健全；（5）考试择人

四、"一命之官悉归吏部"原则的确立。

隋朝吏部选官已有层次之分,"尚书举其大者,侍郎铨其小者",并规定"诸授勋官并不得授文官职事"[1]。唐朝进一步深化,将选官按官品分为三个层次:五品以上,六品以下至九品以上,流外。三个层次的主选人、选任对象、选任方式、考核内容都有明显的层次区别。唐朝在隋代文、武分授的基础上,将武选移于兵部,正式完成了文、武分途。举士与选官的分途也是分层次选官深化的表现。唐朝将举士与选官从层次和主选机构上都析分为二:常举及第者,只获得出身,须按规定参加吏部铨选,通过吏部的审核、考试者,方可得官,举士与选官分为不同的层次,中间加入了铨选这一环节。此外,唐初,科举考试由吏部考功员外郎主之,开元十四年因"考功员外郎李昂为举人诋诃,帝以员外郎望轻,遂移贡举于礼部,以侍郎主之。礼部选士自此始"[2]。举士自此正式独立于吏部之外。"望轻"二字内涵丰富,至少说明,唐朝举士虽然降至为铨选下面的一个层次,但其社会地位和在

---

[1]《通典》卷一四《选举二》,第342页。
[2]《新唐书》卷四四《选举上》,第1164页。

选官体系中的作用呈上升趋势,导致一向主持贡举的吏部考功员外郎因"望轻"而无法胜任。

铨选过程的规范化是有一个过程的。唐初,"铨法简而任重"[1],并未规范化。此后,选限、选场、团甲,长名榜,铨注法等逐渐确定,使铨选过程最终走向规范化,"而铨总之法密矣"[2]。

循资格原则的创始者为北魏的崔亮,崔亮立"停年格",开循资格之先。玄宗开元十八年,侍中裴光庭兼吏部尚书,"始奏用循资格。各以罢官若干选而集,官高者选少,卑者选多,无问能否,选满则注,限年蹑级,毋得踰越",其结果是"非负谴者皆有升无降,有庸愚沉滞者皆喜,谓之'圣书',而才俊之士无不怨叹"。虽然"光庭卒,中书令肖嵩以为非求才之方奏罢之",但实际上,此后"有司但守文奉式循资例而已"[3]。据资选任,限年晋级,正是中央集权下铨选制的本质所在,它确定了铨选制在官僚体系中的相应层次,代表了官吏常选(或常调)的主体格局,亦成为后世的

---

[1] 《新唐书》四五《选举下》,第1175页。

[2] 《新唐书》卷四五《选举下》,第1175页。

[3] 《文献通考》卷三七《选举十》,第349页。

四、"一命之官悉归吏部"

模式。

"铨选之任,衡鉴是司,历世以来,资地尤重"[1]。唐朝吏部为尚书省六部之冠,吏部司为吏部四司之首,可见,"资地尤重"。兵部虽主武选,但因文职为官僚机构的主体,又因武官多以边功、勋叙晋级,并非人人赴选,因此,"选司"多指吏部,且最为繁剧与至重,选司机构的健全、规模前朝莫能与之相比,尚书省其他诸司也莫能与之相比。吏部尚书领衔,侍郎主持(后往往以他官判知),郎中辅佐(1人掌流外选补,文宗开成二年加置南曹郎中1人),员外郎具体负责(1人判南曹,开元时加1人,1人判废置),以尚书厅和二侍郎厅为三铨办公厅、各置印,三铨各有令史7人(太和时各减下2人),南曹令史15人(太和时减下3人)[2];开元时,利用考功原有的贡院地置选院(或称南曹),作为南曹(职责为检勘选人资格)办公、储存选人档案和选人看榜之所[3]。据《新唐书·百官志》载,吏部司编制除员外郎以上者外,有主事4人,令史30

---

[1]《册府元龟》卷六二九《铨选部·总序》,第7538页。

[2] 参见《唐会要》卷七五《选部下·杂处置》。

[3] 参见《唐会要》卷七四《选部上·吏曹条例》。

人，书令史60人，制书令史14人，甲库令史13人（其他三司均无此职），亭长8人，掌固12人，共141人。而司封胥吏只有19人，司勋为108人，考功为52人，若与其他部相比，除兵部的兵部司胥吏达139人外，其他部各司都远逊于吏部，即使是户部司胥吏编制亦只有74人。这一规模似应在开元时形成。

考试择人并不始于唐，但在选官过程中考试取人原则的普遍确立，可以说自唐始。表现之一为选官过程层层采用考试方式，凡入仕之人，从获取出身（无论科举、门荫、流外入流，或选补流外职）到授予正式官职、停替参选、升迁等都须经过各类考试（某些武官及五品以上官另当别论）。若想不拘格限，获得超迁，或参加非时选，亦须通过制举、吏部选科（宏辞拔萃科）、科目选（开元礼、三史、三传等，也是礼部贡举考试科目）等考试方式。表现之二为考试内容及形式的规范化。前朝选官亦有考试，但未有如唐朝之如此规范化者。唐朝铨选时，书、判均有定式，选人书写铨历、状样有规格，铨试内容、书写规格、判文体例等也有一定之规。开元时，张鷟曾将前选人书写较好的判文编辑成《龙筋凤髓判》一书，供后来选

四、"一命之官悉归吏部"

人参照、取法。考试原则的普遍确立为选官机制注入了活力,而规范化虽然使中央主选机构有了统一、易于掌握的标准,但也使铨选埋下了趋向僵化和流于形式的隐患。

此外,开元年间,还对铨选范围及注拟限制等进行了一些调整,如开元四年将员外郎、御史、起居、遗补等供奉官从铨选范围中拔出,"皆进名敕授","不拟旧制",玄宗还亲自对县令、县长等亲民官进行考核、选用,并规定"凡官,不历州县不拟台省"[1]。这些调整及规定,缩小了铨选的范围,降低了铨选的层次,将铨选重点放在常选、常调范围内,既可完成循资例铨衡绝大部分选人的任务,又不妨碍中央不拘格限选拔人才,充任清要官,以保证决策圈掌握选官的决定性权力。

由此看来,铨选制从确立到完善经过了一个漫长的过程,各项制度的确定或规范化也参差不齐,大体在开元时基本完成,此后的变化,只是上述诸项的变通或延伸,未创新义。铨选制的完善过程与唐朝官僚

---

[1] 《新唐书》卷四五《选举志下》,第1176页。

体制的逐步完善是同步的，是整个官僚体制运转的有机的组成部分。在探讨这一问题时，我们可以揭示出三点：其一，在身份性社会向非身份性社会（或门阀政治向官僚政治）逐步转化后，近似封闭、凝固的社会阶层、社会等级被打破，取而代之的是围绕和适应金字塔形（中央集权）权力结构的等级制，随着扩大统治基础的需要，层次将越分越多，等级必越分越细，选官层次及选授等级的日益细密，正是这一趋势的最好体现。其二，中央集权造成的过度集权，必将导致局部的技术环节程式化、僵化、腐化，并将逐步波及整体，使整个官僚机制的运营发生障碍（这将在下文中涉及）。其三，铨选制完善化的过程，亦是其层次下降、作用下降、选权被侵移的过程，这与中央集权与分权的演变、权力的分化与组合的规律相关联，选官权力的演变是具有代表性的表现之一。

（二）铨选制的流弊

铨选之弊几乎与其完善过程相始终，当时人已多有抨击，主要有以下几点：

四、"一命之官悉归吏部"

1. 选官基础比例失调

所谓基础比例,即指初入仕者各成分的比例;失调,是指杂色入流(门荫、胥吏等)远远多于科举、学校出身的人。高宗显庆时,每年流外入流达1400人,而开元时每岁"放进士不过三四十人",明经不过百人,"流外及诸色仕者岁二千,过明经、进士十倍",导致"士子舍学业而趋末伎"[1]。

《新唐书·选举志下》所载唐盛时"取人之路盖多矣",其中大部分为诸色入仕之路,难怪乎当时人感叹科举入仕"其事难,其路隘而如此,而杂色之流广通其路也,此一彼十,此百彼千"[2]。

2. 选官标准掌握不当

唐以身、言、书、判为铨考内容,以德才劳为选官标准,但在孰重孰轻及如何掌握这些标准上,引起朝野非议四起。抨击者认为,选官重才不重德,所重之才又是文辞之才,而所试之书判乃是文辞之末者,

---

[1] 《通典》卷一七《选举五》,第403页。
[2] 《通典》卷一七《选举五》,第420页。

选司但"以刀笔求才,以簿书察行"[1],"以一诗一判定其是非","察言于一幅之判,观行于一揖之间"[2],以格制限,循资进级,致使"天下之士皆舍德行而趋文艺"[3],"贤愚混杂,……适使贤人君子从此遗逸"[4],"所署用多非其才"[5]。唐朝政论家沈既济指出"虽曰度德居官,量才授职,计劳升秩,……然考校之法皆在判书簿历、言辞俯仰之间",已失标准,况"安行徐言非德也,丽藻芳翰非才也,累资积考非劳也",而"文词取士是审才之末者,书判又文词之末也"[6]。

在德才劳三者的侧重、标准、考察方式上都出现偏差,无怪乎有识之士抨击不已。

3. 吏部专总为作程之弊者

吏部独揽上万名选人(有资格、出身而参加吏部铨选者)的选授大权,一命以上悉归之,在监督制度

---

[1]《通典》卷一七《选举五》,第407页。
[2]《资治通鉴》卷二一六"玄宗天宝十二载"条,第6921页。
[3]《资治通鉴》卷二〇二"高宗上元元年"条,第6374页。
[4]《通典》卷一七《选举五》,第414页。
[5]《册府元龟》卷六三八《铨选部·不称》,第7652页。
[6]《通典》卷一八《选举六》,第456页。

四、"一命之官悉归吏部"

不配套的中央集权体制下,势必形成选权"委数人之手","专断于一司"[1]的局面,这样,掌选人本身的素质、品行,成为铨叙是否平允、择人是否精慎的关键。唐朝虽"前有裴(行俭)马(戴),后有卢(从愿)李(朝隐)"[2],四人皆因掌选平允公直而名噪一时(裴马高宗时掌选,卢李玄宗开元时掌选),但"性无藻鉴"[3],授官"开铺卖官"[4]、"倾附势要"、"赃贿狼籍"[5]、滥用官阙[6]的亦史不绝书。而胥吏又缘隙而起,上下其手,造成铨综失序,贿赂公行,引起"朝野喧议""怨濮盈路"。因此,沈既济认为"督责之令太薄"[7]为官吏选授四失之一。

吏部专总还导致技术环节的漏洞。吏部总其胥吏,不过150人上下,而"吏部条章动盈千万"[8],每年选人

---

[1] 《通典》卷一七《选举五》,第408页。
[2] 《唐会要》卷七四《掌选善恶》,第1345页。
[3] 《唐会要》卷七四《掌选善恶》,第1345页。
[4] 〔宋〕王谠撰,周勋初校证:《唐语林校证》卷七,中华书局,1987年,第674页。
[5] 《资治通鉴》卷二〇九"中宗景龙三年"条,第6635页。
[6] 《资治通鉴》卷二〇九"中宗景龙三年"条,第6635页。
[7] 《通典》卷一八《选举六》,第441页。
[8] 《通典》卷一七《选举五》,第413页。

动辄万人，选期仅限数月，各环节发生脱节是不可避免的。因"选人不约本州所试，悉令聚于京师，人既浩穰，文簿繁杂，因此渝滥，其事百端"[1]，造成伪冒者甚众，有人"罔冒门资，变易昭穆"[2]，赴选时"庸愚咸集，有伪主符告而矫为官者，有接承它名而参调者，有远人无亲而置保者。试之日，冒名代进，或旁坐假手，或借人外助，多非其实"[3]，使"正调者被挤，伪集者冒进"[4]，故当时民间盛传"入试非正身十有三四，赴官非正身十有二三"，有人认为此为选"弊之尤者"[5]。在入仕起点、选授过程及赴任三个环节上都有隙可乘，由此而伴生另一种弊病——"胥徒之猾又缘隙而起"。吏部群吏，以直接管理、出纳、核审选人文书档案、参与铨选全过程的繁杂事务之便，或伪造、窃改文书，或交通上下；更有甚者，则"为奸以立威"，凭借长官委政于斯的机会，欺孤寒，淹贫乏，隘阻公道，收取

---

[1] 《通典》卷一七《选举五》，第420页。
[2] 《唐会要》卷五九《太庙斋郎》，第1027页。
[3] 《新唐书》卷四五《选举下》，第1175页。
[4] 《旧唐书》卷九二《韦安石传附韦陟传》，第2959页。
[5] 《通典》卷一七《选举五》，第421页。

钱物，在若干人（甚至十数人）竞争一阙的情况下，"遂使衣冠以贫乏待阙，奸滥以贿赂成名"[1]。各朝胥吏为奸弄权，收受贿赂只有程度的不同，而无根绝的可能。

4. 对经济造成不利影响

选人动盈数万，春还秋往，千里迢迢，会聚京师，对促进当时异地及京师的旅栈业、商业及物资交流都起到一些积极作用，但就短期行为看，这群为数不少的流动人口对当时国家财政支出、京师供求关系、社会经济及个人经济都带来不利的影响。

首先看对国家财政支出的影响。唐朝立国以关中为本，而"关中号称沃野，然其地狭，所出不足以给京师，备水旱，故常转漕东南之粟"[2]，随着皇室贵戚、官僚机构、军队数量的日益膨胀，漕运之数由唐初的每年一二十万石激增为唐中叶的二百多万石，而漕运所费"计五费其四"[3]"斗钱运斗米"[4]，在这种情况下，

---

[1] 《册府元龟》卷六三八《铨选部·谬滥》，第7655页。
[2] 《新唐书》卷五三《食货三》，第1365页。
[3] 《通典》卷一七《选举五》，第420页。
[4] 《新唐书》卷五三《食货三》，第1367页。

仍招选人,"聚乎京师,春还秋往,鸟聚云合,穷关中地力之产,奉四方游食之资,是以筋力尽于漕运,薪粒方于桂玉,是由斯人索我京邑,而谓谁索乎?"[1]漕运数量的逐年增加,显然也包括选人及家属、仆从、随带牲畜所消耗的部分,无疑增加了国家对漕运的开支。

其次是对社会经济的不利影响。一方面选人形成上万乃至数万(武则天时选人曾达五万人,尚不包括家属、仆从)的流动人口大军,会聚京师后,加重了京师的供求矛盾,抬高了京师的物价。唐朝长安人口最多时达百万,而前期尚未达到此数,以数万选人充斥于此,淹滞期短为半年,长则数年,是一个相当可观的消费大军。贞观元年,因"京师米贵,始分人于洛州置选"[2],而关中"远近无聚粮之劳""京师无索米之弊"的愿望并未实现,仍处于"京师米物为之空虚""徒令关中烦耗"[3]的窘迫状况。另一方面,士人驱地著而安于浮冗,妨阙正业。"人不土著,萃处京师",

---

[1] 《通典》卷一八《选举六》,第445页。
[2] 《唐会要》卷七五《东都选》,第1368页。
[3] 《通典》卷一七《选举五》,第420页。

四、"一命之官悉归吏部"

使大批积累资金消耗在旅途及寄居京师期间，也使各地资金流动出现不平衡，导致"京师之冗"与"四方之实"，"一都之繁"与"万国之殷"[1]的矛盾出现。

最后，给个人经济造成沉重负担，四方选人"货鬻田产，竭家赢粮"[2]，"羁旅往来，靡费实甚"[3]。千里迢迢，力赴参选，无成而归者十之七八[4]，影响了他们正常的经济生活，不少人淹滞京师，贫困交加，希冀来年。而"贫窭之士在远方，欲力赴京师，而所冀无际，以此揆度，遂至没身。使兹人有抱屈之恨，国家有遗才之阙"[5]。

5. 对社会风气的不良影响

一个社会的风气，是由多方面因素决定的，是多种现象的组合。本书仅从铨选制的流弊对社会风气产生的不良影响这一角度来探讨。

---

[1]《通典》卷一八《选举六》，第445页。
[2]《通典》卷一八《选举六》，第445页。
[3]《通典》卷一七《选举五》，第420页。
[4]《通典》卷一七《选举五》，第420页。
[5]《通典》卷一七《选举五》，第420页。

一是造成腐败之风滋长,资地尤重的吏部,上万选人仰其鼻息,不少品质低劣的掌选人及左右胥吏招权纳贿,开铺卖官,依附势要,招纳亲党,排遣忠良,窃改甲历,伪造告符,而选人在僧多粥少的情况下,"背本而趋末,矫饰行能,以请托奔驰为务",或"交驰公卿,以求汲引,毁誉同类,用以争先",或"冒籍窃资,邀勋盗级",或书判假手他人,造伪作奸,冒名接脚(指顶替他人之名),而只要"假其贿赂即为无犯"[1],"令史受赂,虽积谬而谁尤?选人无资,虽正名而尤剥"[2],清廉之士无不痛心疾首,指斥吏部专总选官"使赃货交易同乎市井",但是选人"非受性如此,势使然也,浸以成俗,亏损国风"[3]。

二是趋浮冗,不安于地著,造成"里闾无豪族,井邑无衣冠,人不土著,萃处京师"[4]。不安于本乡本土,也不安于农工商业生产,"惜时怀禄,孰肯安堵"[5],为

---

[1] 《通典》卷一七《选举五》,第410页。
[2] 《通典》卷一八《选举六》,第447—448页。
[3] 《通典》卷一八《选举五》,第420页。
[4] 《通典》卷一七《选举五》,第417页。
[5] 《通典》卷一八《选举六》,第445页。

趋仕进，将大量的时间、精力、资金消耗在旅途及淹滞京师的费用上，无暇顾及其他。

由于铨选制的规范化和严密化，循资进级、以格制人日益成为基本选拔标准，造成官僚预备队（选人）及官僚群体日益趋向不求进取、因循苟且，惮于改作，拘泥形式。铨选之弊，唐初已露端倪，太宗曾有心革除之，此后屡有人建言改革，但终因"公卿以下惮于改作"而维持着基本框架，造成"庸贤咸集"，而"才俊之士坐成白首"。这正是中国封建社会逐渐由成熟走向僵化的前期表现。

（三）如何认识铨选流弊的产生及其原因

上所列举的铨选流弊，虽未完全展开论述，面面俱到，但也概举其要了。

当时人在分析这些弊病以及如何解决这些弊病时，提出很多见解和设想，较有代表性的是沈既济，他认为首先应正本清源，指出往昔论选举者，"皆能知其失而莫能究所失之由"[1]，他认为根源有二，一是"吏部专总是作程之弊者"，即为制度之失，二是"文词取士是审才之末者，书判又文词之末也"，即为标准之失。而以往补救措施，无论是"糊名考覈"以防交通作弊，或"十铨分掌"以缩短选期，或"置循资之格，立选数之制，压例示其定限，平配绝其逾涯"，都属"苟济其末，不澄其源"之类，只能弥补技术环节上的漏洞，而没有触及制度和标准这两个根本所在。

沈既济主张必须彻底改革，而改革之道在于"少等级""精选择""减名目""省吏员"。如想"矫正前失"，须采取"或许辟召，或令荐延，举有否臧，论其诛赏，课绩以考之，升黜以励之，拯斯刈弊，其效甚速"。他还提出了改革的具体方案，要点是：五品以上及群司长官由宰臣进叙，吏部参议；六品以下或僚佐之属许州府辟用，俾使"铨择之任悉委于四方，结奏之成咸归于二部"，如选用非公，"吏部、兵部得察而举之"。实际是一种分层次采用荐举、辟署并行的选官方式，选权逐级下放，原选司保留参议权、结奏权

---

[1] 《通典》卷一八《选举六》，第445页。

四、"一命之官悉归吏部"

和监察权。用心可谓良苦,设计可谓精巧,但经唐一世,选官制度变通甚多,沈既济的改革方案也在某种程度上部分得以实现,但他提出的"拯救刓弊"的根本之举——罢吏部铨选之任,行辟署于州府(节度府当别论)等均未实行,究其原因,沈氏也同样只知"所失之由",而未能究其"惮于改作"之由。

唐朝统治者始终不肯下放选权,既使是在唐后期,藩镇与权臣势力恶性膨胀,荐举、辟署大行于世,中央官阙流失殆尽,吏曹往往在注拟无阙[1]的情况下,仍然维持着吏部铨选的空架子,究其原因,有以下几点:

一是扩大统治基础的需要。官僚政治与门阀政治明显不同,权力结构与统治基础的不同便是表现之一。唐承隋制,立国伊始,便逐渐加强中央集权,统治基础越扩大,这种金字塔型的权力结构必然越巩固。因此,唐朝广开入仕之门,也使广大中下层人士都有入仕的机会,他们为趋名利,必然与中央形成一种向心力,而中央为笼络他们,只有提高他们的社会地位,

---

[1]《册府元龟》卷六三一《铨选部·条制三》,第7574页。

增加他们的入仕机会，扩大官吏名额方能实现。若按沈氏所言，省官、省吏、省事，固然可以避免铨选弊病，做到"精选择"，但也势必堵塞大批中下层人士的入仕之路，影响统治基础的扩大与稳定。因此，在封建社会中央集权体制下，官吏队伍的不断膨胀是必然的。铨选作为中央选官的主要形式，是统治基础扩大、入仕人数增加后，保证官僚机构运营不可或缺的环节。

二是中央集权的需要。若实行辟署制，则选官大权在地方；若实行荐举制，则选官大权在权臣；若重社会舆论，重长官的推荐、试用，则选官大权必然在四方。若中央直接主持选官，制定统一的选拔标准，规定统一的考核内容，则选官大权必然在中央。唐后期幕府辟署盛行，荐官之风大兴，是中央集权削弱后，选权分散、下移，藩镇和重臣权力恶性膨胀的反映，是中央不得已而对既成事实的承认，本非统治者的本意。宋代一统天下后，将辟署降到最低层次，又将荐举转化为保荐制，纳入中央监督营理的范围。铨选制不仅继续存在，其基本原则更加突出，反沈氏之言而行之，而且类别越分越细，等级越分越多，档次越拉越大。

四、"一命之官悉归吏部"

三是唐朝中央集权有一个完善的过程,铨选制也同样经历了这一过程。但中央集权官僚体制本身处于不断变化中,而社会各方面情况也在变化中,如何确定铨选在选官体制中的适当位置,如何处理各环节可能出现或业已出现的弊病和漏洞,唐前期侧重于调整和完善,而唐后期虽然维持铨选形式,但疲于应付,维持现有状况已属非易,更无暇顾及其他了。所以,唐朝并没有解决好上述问题。

宋代惩唐覆亡之戒,进一步扩大统治基础,加强中央集权,更加注意笼络人才。将铨选层次降低,将选官档次拉开,并且为进一步适应社会文化水平的普遍提高及对官吏文化素质要求提高的需要,而身、言、书、判又流于形式的现状,采取扩大科举及第人数,缩短科举及第和入仕为官的中间距离,加快科举出身者的升迁速度等方式,对唐朝铨选之失进行了适当的调整和弥补,使其更加严密,更加规范化,从而也日益走向程式化和僵化。

唐朝铨选制的得与失正是唐朝中央集权官僚体制的一个整体两个侧面的反映。毋庸置疑,铨选制的确立及逐步完善,对加强中央集权、削弱残存的门阀士族势力、完善国家机器、提高整个官僚队伍的各项素质（主要是文化素质）、扩大统治基础、全面考察和选拔人才、加速社会各阶层的流动、将平等竞争原则渗透到选官各层次中都起到积极作用。因此，它所确立的基本原则与基本形式大都为后世统治者所继承，只是在整体层次、技术环节等方面不断进行调整与改造；而唐朝铨选制的弊病作为专制主义中央集权的伴生物，作为中央集权永远无法克服的矛盾之一，亦与之共生共灭。

五、荐举一途为何经久不衰

荐举作为选官的形式之一，可上溯到先秦。自秦始皇建立统一的专制主义中央集权国家之后，随着朝代的更迭、时间的推移，荐举从内涵到外延都发生了深刻变化：一是从春秋战国时期的"立贤无方"向"有方"（即制度化）的发展；二是从义务向权力的过渡（即渐成为官吏依品级、地位享有的权力及政治待遇之一）；三是荐官与举士的分途及荐官专门化的倾向；四是逐渐向吏干及资序的倾斜。上述变化正是在封建官僚体制的逐步完善、封建社会从形成到成熟进而走向僵化的过程中实现的。本文仅以唐朝为限，在荐举的狭义（有别于科举，即指荐官、举官）范围内，探讨上述变化的史实及根由。

（一）荐举方式

当举士与举官逐渐分途时，官吏的荐举权就主要向荐官一方集中（制举除外）。这种官员个人选举权在整个选官体制中的比重、层次、地位始终是个重要问题，每次选官体制的调整和改革，无不要对其进行重新界定。通观唐朝的荐举方式，主要有以下几种：

1. 公荐

文武百官有向上级乃至中央荐举人才的义务，这是历朝搜扬人才、选拔官吏的一种重要方式。唐朝亦不例外。荐举形式及制度主要有如下几类：

一是举人自代。唐高宗显庆四年（公元659年）、上元二年（公元675年）、宏道元年（公元683年）都颁布了令百官举人自代的诏敕[1]；后两次诏敕还具体规定了举人自代者的品级及职务，即京官六品以上清望官与诸州刺史。所举名额似无限定，一般为一至三人。

---

[1]《唐会要》卷二六《举人自代》，第490—491页。

五、荐举一途为何经久不衰

唐后期，德宗即位，重振纲纪，重申举人自代，并进行了相应的调整，使之规范化与扩大化了。规定凡常参官（即京司五品以上职事官、八品以上供奉官、员外郎、监察御史、太常博士）及节度、观察、防御军使、都知兵马使、诸州刺史、少尹、赤令、令，七品以上清望官、大理司直、评事，"受讫三日内，于四方馆上表让一人自代，其外官委（原文作'与'，据《册府元龟》改）长吏勾当，附驿闻奏，其表付中书门下，每官阙，即以见举多者量而授之"[1]。此后，贞元、元和、咸通年间都曾重申此制。正史列传也有记载，如玄宗时，姚崇为相，荐宋璟自代；宪宗时，李景俭为谏议大夫，表李翱自代。这种广泛的招荐中，荐官的专门化倾向与"以见举多者"为胜的保荐原则已显端倪。

二是常参官及地方长官荐举。这种形式的荐主范围与举人自代基本相同，只是所举并未规定为本任官。唐初期，这类诏令多泛泛，后逐渐具体化、专门化，渐以诏举"官才"为主，如仪凤二年（公元677年）

---

[1] 《唐会要》卷二六《举人自代》，第490—491页。

令京文武百官三品以上每年各举所知[1]。开元年间设立"县令举",更是具体化的体现。安史之乱后,州县残破,官吏多缺,而"铨法无可称道",荐官诏进而向刺史、县令、丞、尉、录事参军等集中。不仅令常参官及地方长官"各慎择所知,具状奏闻"[2],还专委中书门下访择人选[3]。荐举上来的人选,可以享受"不限选数,并许赴集"或不就选场,单独考选[4]的优遇。这种荐官方式,被荐人一般是有官者或有资格的常选人,荐举的范围基本是地方亲民官,并且日益向保举制发展。文宗以后,这种形式的荐官诏几无所见,中央面临的是"内外官司皆为充溢",藩府奏荐人数骤增的窘迫局面。

三是宰臣及部门长官荐举。宰臣向皇帝荐举人才,历来是一种传统,一种义务,进而演化为一种职责。唐朝宰相能否荐引及举贤多寡往往成为评判其政绩优劣的重要标准。太宗贞观时,封德彝为相,因久

---

[1] 《唐大诏令集》卷一〇二《京文武百官三品每年各举所知》,第520页。

[2] 《唐大诏令集》卷一〇三《令常参官举人诏》,第523页。

[3] 《唐会要》卷七四《选部上》,第1333页。

[4] 《册府元龟》卷六三〇《铨选部·条制二》,第7554页。

五、荐举一途为何经久不衰

无所举,受到太宗诘难[1];于志宁为相,因不能有所荐达,"为士议所少"[2];狄仁杰在相位时,因知人善荐,颇获时誉[3]。开元四年,员外郎、御史、起居、拾遗、补阙等供奉官不再参加铨选,皆进名敕授,实际主要是由宰臣访择荐引。安史之乱后,选权逐渐向两极集中:一是随着铨选职能的衰微,中书门下的选任权及范围日益扩大;二是随着使职差遣体制的发展,各类使府的辟奏权日益扩大。宰相直接荐某人为某官,正史列传中载有不少事例,如卢杞荐齐映,由河阳三城使判官迁刑部员外郎;李宗闵因权璩父权德舆曾为座主,故荐其为中书舍人;皇甫镈荐令狐楚为相;杨收荐孔纬为长安尉直弘文馆等[4]。《新唐书》列传中所载被荐之例,唐后期几乎是前期的三倍,其中除少部分为地方藩府荐幕僚于朝外,大多为宰臣或台省长官推荐台省及京畿要官。前期宰相的荐举,往往不专指射某

---

[1] 《资治通鉴》卷一九二"太宗贞观元年"条,第6031页。
[2] 《新唐书》卷一〇四《于志宁传》,第4006页。
[3] 《旧唐书》卷八九《狄仁杰传》,第2895—2896页。
[4] 《新唐书》卷一五〇《齐映传》,第4814页;卷一六五《权德舆传附权璩传》,第5080页;卷一六六《令狐楚传》,第5099页;卷一六三《孔巢父附孔纬传》,第5010页。

官,被荐之人有时还须引至殿堂策问,而后期多有具体指射。据史载,陆贽罢相后,"上(德宗)躬亲庶政,不复委成宰相,庙堂备员,行文书而已。除守宰、御史,皆帝自选择"[1]。说明这些重要职务的人选过去主要依靠宰相。部门长官荐举主要是指中央各要司(地方长吏另述)荐举僚属。尤其是确定尚书省、御史台、大理寺等要害部门的僚属时,除宰臣访择、广泛征求意见外,很大程度上取决于本部门长官的意志,并逐渐形成"故事"。德宗贞元八年初令授台省官者各具举主于授官诏,而郎官由左右丞专举,御史由大夫、中丞专举,故诏书可不具举主。赵憬、陆贽为相后,建议郎官人选不宜专于左右丞,可扩大至尚书丞、郎"各举其可",御史也不专委于大夫、中丞。尽管如此,举主仍未脱离本司。窦群为中丞,荐吕温知杂(后为宰臣所阻);高元裕为中丞,荐白敏中为侍御史;独孤朗为中丞,援故事"选御史皆中丞自请",因拒不纳由宰相力而得监察御史的崔晃、郑居中,迫使二人"卒改他官"。此外,京兆尹荐京畿令、尉、丞,也属于

---

[1]《旧唐书》卷一三五《韦渠牟传》,第3729页。

这一类。

四是差遣使职荐举。唐朝前期由中央差遣的使职，多为临时性，事毕即罢。使主可奏荐判官，并有"搜访遗滞""黜涉幽明""贬黜举奏"等考察地方官吏及荐举人才的职责与义务。唐后期，财政使自成体系，观察、节度使渐成为地方军政长吏。虽然都属使职差遣，中央的倚重角度已有所不同。对财政使，唐宪宗置两税使诏曰："今度支盐铁，泉货是司，各有分巡，置于都会。爰命帖职，周视四方，简而易从，庶协权便。政有所弊，事有所宜，皆得举闻，副我忧寄。"[1] 充分表明了中央对之寄予的厚望。对地方藩府，中央的荐官诏比较具体，侧重于荐举本道人才及属吏人选。由于观察使、节度使等的地方化，原属地方州郡长吏的荐举权（或义务）就合而为一了。史载"至德初，……肃宗即位，急于军务，诸道廉使，随才擢用"[2]，使府的荐举正是在这一非常时期，逐渐由义务向权力转化。史籍中出现的"论荐""用荐"等词，显露了这种转化的痕迹。

---

[1]《唐会要》卷八四《两税使》，第1550页。
[2]《册府元龟》卷六五八《奉使部·论荐》，第7880页。

五是冬荐制的形成。每年冬季，具有一定品级的中、高级官吏，常参官，京畿县官按有关规定向中央荐举官吏，被荐者赴京，由有关部门进行审查、考核，确定等第，定夺迁转、除授。《唐会要·冬荐》载："准贞元五年六月十一日敕：准贞元四年正月一日制，春秋荐举官。中书门下奏：常参官八品以上、外官五品以上正员及额内得替，并停荐。其使下郎官御史丁忧，废省官在外者，望委诸道观察使及州府长史；其在京城，委中书门下、尚书省、御史台、常参清官并诸使三品以上、左右庶子、詹事、少卿、监、司业、少尹、喻德、国子博士、长安万年县令、著作郎、中允、中舍、秘书、太常丞、赞善、洗马等，每年一度（按：即冬季）闻荐。"[1] 贞元八年，为了限制被荐人数，规定中书、门下两省，御史台五品以上、尚书省四品以上、诸司三品以上有冬荐权的官吏，所荐不得超过两人，余官不得过一人。贞元九年又规定凡冬荐官须经考试，定为三等。贞元十一年又进一步规定，冬荐官凡考试列为下等者罢退，"任待他年重荐"或降格参加吏部铨选。

---

[1]《唐会要》卷八二《冬荐》。

五、荐举一途为何经久不衰

地方使府幕职带检校、试官在五品以上者,不在铨选范围内,也归入冬荐[1]。此后,又有一系列诏敕对荐主、被荐者的资格、范围进行重申或补充规定。冬荐制是为适应使职差遣还未与正式官僚系统并轨、藩府辟署制盛行而独具特色的创制。既是中央对现有旧制、新制交错相紊局面的务实性的选举措施,也反映了荐举由义务转化为权力后,中央抑制和限制荐举权被滥用之努力。

泛荐与诏荐。泛荐,即不受品级、职务、范围、地区、时间的限制,所有官吏都有向中央(包括皇帝)和上级部门荐举人才的义务。实际上,只有具有一定品级和地位的官吏的荐举,才有实际意义。诏荐,是由皇帝亲自(口头或书面)令臣下推荐某些急需的官职人选。诏荐与制举从形式上看,都是君主限定范围(或科目)由官吏推举,再由君主亲自挑选(或策试),但如细分一下还是有明显区别的。制举求人才一般比较注重抽象的方面,且偏重于文辞与德行修养,如志烈秋霜科、文艺优长科、直言极谏贤良方正科、严薮

---

[1]《唐会要》卷七五《杂处置》,第1511—1513页。

幽素科、博学通艺科、乐道安贫科。即便是稍为具体的，如沉迹下僚科、智谋将帅科等，也仍较为概括。被举者虽不限身份，但需有一定地位的举主，与其他形式的科举一样，"举"为辅助环节，考试乃为中心环节。诏荐则不然，直接以选擢急需的吏才为目的。如则天圣历初，"令宰相各举尚书郎一人，（狄）仁杰乃荐（其子）光嗣，拜地官员外郎"[1]。开元时，玄宗令"宰臣及公卿以下精择堪为户部者，多有荐（李）元纮者，将授以户部尚书。时执政以其资浅，未宜超授"，只拜户部侍郎[2]。举士与选官的分途，也可从制举与诏荐的区别察知一端。唐后期诏荐的范围较前期广泛，也很重视对地方州县采取诏荐的形式，而且，往往与常参官或部门长官（包括地方长官）的荐举相重合。

2. 私荐

唐朝科举与荐举（指荐官）刚刚分途，二者在很多方面仍"纠缠未清"，如科举制取人的中心环节是考试，但公荐私嘱仍颇盛行，并在很大程度上干预、影

---

[1]《旧唐书》卷八九《狄仁杰传》，第2895页。
[2]《旧唐书》卷九八《李元纮传》，第3074页。

五、荐举一途为何经久不衰

响着录取结果。荐举制在尚未规范化的过程中,公举、私荐本不易分清,这里所说的私荐暂定在横向(即官吏之间)的范围。私人推荐,亦有出于公心者,如顾况为白居易延誉,韩愈推奖程昔范之类。但更多的是出于私人目的(因亲、故、子弟、贿、权势等)。私荐的形式有直接请托于选司掌选者,如武则天朝天官侍郎张锡,受张昌仪(昌宗弟)之嘱,为当年选人薛某求官,不料张锡失其状,只好遵昌仪之意,"但姓薛者即与之"[1]。又如玄宗开元年间,李林甫掌选,宁王私谒十人,九人得官[2]。当选官权在唐后期向藩府与重臣倾斜时,随着辟署制的普遍实施,横向的私荐之风就盛行起来。例如,孟郊隐于嵩山,李翱分司洛中时与之交往,因此荐于留守郑余庆,被辟为宾佐[3];张信,因宰相之荐被辟为藩府从事,后官至刺史[4]。不论是典选官几案上的"私书盈几",还是重臣藩帅间的"荐送相高",都代表了私荐在唐朝选官过程中仍有重要作

---

[1] 《资治通鉴》卷二〇六"则天后久视元年"条,第6547页。

[2] 〔唐〕李肇:《唐国史补》卷下,古典文学出版社,1957年,第50页。

[3] 《旧唐书》卷一六〇《孟郊传》,第4204页。

[4] 《千唐志斋藏志》,第1111页。

用。公举自不待言。

（二）荐举的效用

《唐语林·赏誉》载：

> 宣宗舅郑仆射光镇河中，封其妻为夫人，不受，辞曰："白屋同愁，已失凤鸣之侣；朱门自乐，难容乌合之人！"上大喜，问左右曰："谁教阿舅作此好语？"对曰："光多任一判官田询者，掌书记。"上曰："表语尤佳，便与翰林一官。"论者以为不由进士，又寒士，无引接，遂止。[1]

同书卷七补遗又载：

> 宣宗读《元和实录》，见故江西观察使韦丹政事卓异，问宰臣："孰为丹后？"周利墀曰："臣近任江西，见丹行事，遗爱余风，至今在人。其子宙，

---

[1]《唐语林校证》卷三，第282页。

五、荐举一途为何经久不衰

见任河阳观察判官。"上曰:"速与好官。"御史府闻之,奏为御史。[1]

两者机遇相当,而结果各殊。田询在宦海升沉的关键时刻,虽获皇帝赏誉,但终因缺少公卿重臣的鼎力相荐,而无缘秉笔文翰。尤其是唐后期,要想践清要、入台省,没有荐作为中间环节,只靠赴吏部参选,"循资格"选调,可能"六十不离一尉",或只靠藩府辟用,可能终老于幕僚之职。而不用荐,升朝登高位者,成为标榜清高的口实,元稹曾上表自叙曰:"始自为学,至于升朝,无朋友为臣吹嘘,无亲戚为臣援庇。"[2]

唐后期,藩府自不待言,中央对如何界定官吏(主要是中央要司)的荐举权问题,一直处于两难的境地。德宗贞元八年,主张将选举权逐层下放的陆贽登相位,立即上书建议"请令台省长官各举其属",获准实行。不久即遭到抨击,反对者言:"诸司所举皆有情故,或受货贿,不得实才。"于是德宗密喻陆贽,以后选任,"卿

---
[1] 《唐语林校证》卷七,第631页。
[2] 《旧唐书》卷一六六《元稹传》,第4334—4335页。

选官与文化

宜自择,勿任诸司"[1]。当时朝野改革选举、下放分散选举权的呼声很高[2],但德宗仍未首肯。待陆贽罢相后,德宗索性"皆帝自选择"[3]。文宗在位时,牛李朋党相倾经年,"宿素大臣",罹甘露之变后,倚李石、郑覃为相,希望他们担负起"选贤任能"的职责。李石却认为,只依靠宰相选任,不能满足所有人的要求,徒生谤议,"只宜各委所司荐用,臣等择可授之,则物议息矣"[4]。而文宗虽不如德宗为人"求精太过",但亦坚持"凡选内外群官,宰府进名,帝必面讯其行能,然后补除"[5]。这种飘移无定的心态与举措,反映了君主在权力集中与分散的争夺中,面临荐举权的扩大而又未规范化局面,极力控制,又无所适从的境况。荐举正是在"中央要司多缺",急切用人,而铨选又循资蹑级,不得实才的时期,逐渐成为举足轻重的选官途径。

---

[1] 《资治通鉴》卷二三四"德宗贞元八年"条,第7531页。

[2] 参见《通典》卷一七《选举五》、卷一八《选举六》。

[3] 《旧唐书》卷一三五《韦渠牟传》,第3729页。

[4] 《旧唐书》卷一七二《李石传》,第4484页。

[5] 《旧唐书》卷一七下《文宗本纪下》,第580页。

（三）荐举的三个阶段

唐后期的选官体制，为适应变化中的政局和重新组合的权力结构以及社会阶层的变动态势，进行了多次有针对性的改革和调整，很多变动的完成往往历经五代到北宋才基本定型。诸如科举与铨选考试合一，考试内容渐重经义，铨选在选官体制层次及侧重的调整，门荫与科举入仕群体的此消彼长，官员选举权的扩大及逐渐规范化（包括荐举权与辟署权）等。前述的荐举的四种变化，唐朝至北宋是其转变过程的关键时期之一。

唐朝荐举的发展，可以分为三个阶段。

第一阶段为唐高祖到玄宗初年。这个时期，承隋旧制，继续调整和逐步完善以三省六部为中央官主体、统领地方州县的官僚体制。选官体系则适应中央集权的需要，在隋"尚书举其大者，侍郎铨其小者"的分层次选官的基础上，确定了六品以下以铨选为主干，五品以上宰臣访择、广泛搜扬的选官方式。这样，使不同集团、不同阶层的人士陆续进入统治集团。

选官与文化

武则天执政到中宗,这一阶段既是荐举发展的高峰期,也是较为混乱的时期。陈寅恪先生在《唐朝政治史述论稿》一书中指出,武周之代李唐,"不仅为政治之变迁,实亦社会之革命,若依此义言,则武周之代李唐较李唐之代杨隋其关系人群之演变,尤为重大也"。他认为武氏使社会阶级发生升降之变动,"大崇文章之选,破格用人",为其重要手段。武则天执政后,为笼络人心,遍施恩惠,大兴科举,广置员外郎,鼓励自举,"士无贤不肖,多所进奖"。长安三年(公元703年),凡"举人悉授试官","又置员外郎二千余员,悉用势家亲戚"[1],朝官多有所荐引。大兴荐、举的结果,使一批中小地主、寒门俊造以较快的速度登上政治舞台,跻身于统治阶级的中上层。统治集团的更新就是在这种看似混乱的过程中逐渐完成的。中宗韦后时期,选任猥滥,韦后及安乐公主等用事,于侧门降墨敕斜封授官,号'斜封官',凡数千员。内外盈溢,无听事以居,当时谓之'三无坐处',言宰相、御史、员外郎也"[2]。掌选者大纳货赂,逆用员阙,"而纲纪大溃"。

---

[1]《新唐书》卷四五《选举下》,第1176页。
[2]《新唐书》卷四五《选举下》,第1176页。

五、荐举一途为何经久不衰

韦后败后，才得以整顿。任官很滥，真正用荐举而选拔的人才寥无几人。

第二阶段为玄宗初年到德宗末年。玄宗初年统治集团的前期更新已基本完成，社会经济、文化由稳步发展走向极盛，"天下承平日久"，于是仕进者愈众，"循资格"的普遍实施正是为理顺铨选中各层次选人的关系，进一步扩大并稳定统治基础与官僚及官僚预备队而采取的措施，但同时也限制了铨选选拔人才的功能。因此，降低铨选层次，缩小铨选权限，扩大荐举范围便成为选官体制改变的内容之一。安史之乱后，唐由盛而衰，"天下尽裂于方镇"，使职差遣空前发展，政治格局与权力结构都发生了变化。德宗时局势稍微平稳，便着手整顿肃、代时期纲纪全无的铨选。由于选官权已形成向官员个人倾斜的趋向，导致荐举再次由义务向权力转化，而官僚队伍良莠混杂、要官多缺的状况，使德宗对选官权的控制极为重视。他一是将选任大权集中在中书门下（往往亲自选任），二是将荐举制度化、条理化。举人自代制、地方长吏及中央要官荐举制、冬荐制等都是在这一时期基本定型的。改变了肃、代时期因"政或随时，多逐权宜"，泛泛令"中外荐举"以补充缺员,或匆促之中令各道廉使自行奏补官吏,使选官流于形式或选权旁落的局面。

第三阶段为穆宗到唐末。这个时期,政局几经起伏,中央与藩镇形成错综复杂的局面,权臣及内廷宦官势力膨胀,官僚集团形成派系持续争斗、倾轧,无疑对选官制度及方式带来影响。中央与藩府、权臣在选任权上不断进行着限制与反限制的斗争,表现在对德宗时已初步定型的几种荐举制进行调整与重申,使与荐权有关的奏权(即藩府以奏辟、奏荐的方式辟置僚属及向中央荐举人才——以僚属为主)条理化,并对其加以限制。实际上,大量的中小地主、普通士人、地方富豪、商贾、胥吏通过府主以辟、奏、荐的形式,被吸收进官僚队伍。尤其是从武职入仕者,人数更多,社会层次更低。这对彻底消除以家世背景为核心的身份制在选官中的影响起了很大作用,为北宋"取士不论家世"铺平了道路。

(四)荐举变化的趋势

上述三个阶段中,荐举的四个变化趋势均有迹可

五、荐举一途为何经久不衰

循。如果说从战国时期的"立贤无方"及双向选择,即"非独君择臣也,臣亦择君矣"[1],"士无常君、国无定臣"[2],发展为两汉的察举制,是从无方向有方演进的第一个阶段,形成举、选合一的选官体制,那么举、选分途后的唐[3]又经历了荐举(不包括科举)从无方向有方的演进过程,但这种有方的定型,侧重已不是标准的规范化,而是资格的规范化了。这在冬荐制、举人自代制、常参官等荐举制中都很明确。北宋时,曾在科举之外,以荐官为主设立了十科举人法,意图是使荐官标准规范化,但由于举、选已经分属于不同层次,而荐官的发展趋势已非以荐文荐德为主要目的了,所以条法虽存,渐成具文。此后亦有类似举措,同样不能持久。

察举初行时,有的郡国常年不举一人,以至皇帝只好强令荐举,否则以渎职论处。行至盛时,各郡国反倒争要名额,东汉时,因此而改为据人口为率,重

---

[1] 〔南朝宋〕范晔:《后汉书》卷五四《马援传》,中华书局,1965年,第830页。

[2] 〔汉〕扬雄:《解嘲》,见〔梁〕萧统编、〔唐〕李善注《文选》,上海古籍出版社,1986年,第2006页。

[3] 《文献通考》卷三六《选举九》。

新修订颁布了各郡可举名额。唐时已有"论荐"一词,依品级、地位不同而享有不同范围、名额的荐官名额,"论考"日益体现出一种政治、权力待遇的性质。唐后期往往因荐举人数过多,中央无法应付。宋代则更为明显,特诏荐举人才(名额不等)成为致仕官吏享受的"恩泽"之一,有人因"用荐"数不满员额,特地补荐若干人[1]。宋人故此论曰:"国朝用人之法,一则曰举主,二则曰举主,视汉唐又远过焉。"[2]足以表明举主举足轻重的地位。这一点从这种权力而引起的纵向与横向的变化,以及举主与被举主之间的关系中也可以看得很清楚。

举、荐分途不仅体现在标准上,更重要的是体现在层次和侧重上。分途后,荐(官)与举(士)就不属于一个层次了。荐的侧重也逐渐向有官人(包括停替待选)倾斜。宋代时,官吏的除授工作与官僚体制层级结构相适应,分成了紧要清望官、京朝官、幕职州

---

[1] 参见邓小南《宋代文官选任制度诸层面》,河北教育出版社,1993年,第124页。
[2] 〔宋〕黄履翁:《古今源流至论·别集》卷七《举主》,影印文渊阁四库全本,台湾商务印书馆,1986年,第942册,第598页。

五、荐举一途为何经久不衰

县官三大层次,每一层次都对举主与被举主作了相应的规定,荐举本身在向荐官专门化倾斜时,内部的层次与类别的分化程度也在加深。泛荐变为虚应故事已成为不可避免的趋势了。而这种层次与类别的深化,究其根源,应始自唐后期选官体制的变动与改革。

荐举向吏干尤其是向资序的演变,最终导致了其质变。荐举标准在两汉及隋唐时,以德、才、劳为中心,三者孰重孰轻,始终是选官争论的主要议题。经过几次起伏后,"严则贤愚同滞、宽则贤否混淆",常规荐举演化成"资"的一种,即可以量化。唐后期已开始了量化的进程,但并未规范。北宋铨选试判被废止后,荐举不仅成为铨选依据的重要条件之一,而且考任、功状、举主身份与数目可以互相折合[1]。之所以能被量化,正在于它具有了"资"的性质。清代又发展为依"例"保举。荐举人才、吏干的真正途径则由特诏荐举或密保一类形式来完成。

在绝对数量与相对数量方面,荐举一途唐后期不仅远比前期发达,同时在选官体系中的地位和作用也

---

[1] 参见邓小南《宋代文官选任制度诸层面》,第141页。

选官与文化

更为重要，由荐而赋予官吏的选权的扩大是显而易见的。这种趋势德宗已深知其然，故我们也可以理解他对选权始终不肯下放，宁失苛察，不甘放任的苦衷。

荐举在唐后期的举足轻重，使它成为与科举、门荫相鼎立的选官途径之一。"荐送相高"不仅是一种政治需要，也成为达官显贵、重臣节帅、文人名士追逐的一种时尚。随着风潮的起落，穆宗以后就由盛而衰了。当然，一种社会风尚的形成背后还有更深刻、更广泛的诸多因素，荐举制度的演变也是多种复合因素促成的，作为中国封建社会选官制度的重要组成部分，它的兴衰、演变正是整个古代选官体制几经沧桑的缩影。如果从这个角度来考察中国古代社会的选官制及其中的荐举制，我们的认识也将是一个不断深化的过程。

六、"为使则重，为官则轻"
——捷径抑或曲折

本节重点讨论的是使职差遣制度下的辟署制。

辟署作为选官形式之一，辟署制作为选官制度的组成部分，由来已久，自两汉以来所实行的辟署制一直沿用至隋朝，但其间多有变化。北朝时，州郡辟士之权已渐转移到朝廷。北周时，"刺史僚佐州吏则自署，府官则命于朝廷"[1]。隋文帝时，选官大权统归吏部，"自是，海内一命以上之官，州郡无辟署矣[2]"。隋末板荡及唐初草创之时，辟署法时为之，但属权宜之计，不足以为例。唐朝辟署制的复兴应自唐中叶始。

[1] 《文献通考》卷三九《选举十二》，第368页。
[2] 《通典》卷一四《选举二》，第342页。

马端临在总结唐朝辟举之法时论曰：

> 至唐则仕者多由科目矣，然辟署亦时有之，而其法不一。有既为王官而被辟者，若张建封之辟许孟容、李德裕之辟郑畋，白敏中之辟王铎是也；有登第未释褐入仕而被辟者，若董晋之于韩退之也；有强起隐逸之仕者，若乌重胤之于石洪、温造、张博之于陆龟蒙是也；有特诏智略之士者，若裴度之于栢耆、杜慆之于辛谠是也。而所谓隐逸智略之士多起自白衣。刘贡甫言，唐有天下，诸侯自辟幕府之士，唯其才能，不问所从来，日朝廷常收其俊伟，以补王官之缺，是以号称得人。[1]

马氏虽然指出了唐朝辟署之法的某些特点与作用，但却未总结出其中的规律性，只以"时有之""其法不一"概言之。长期以来，唐朝辟署制未受到应有的重视，涉论者甚少。唐朝辟署制作为唐后期选官新格局形成的重要因素以及它对当时社会阶层变动所起

---

[1]《文献通考》卷三九《选举十二》，第368页。

的催化作用，都是不容忽视的，否则便无法恢复唐后期历史的真正面貌。随着研究的深入，上述状况已经有了明显的改观。

（一）辟署制的形成与辟主

唐初草创之时，辟署之法时有为之，但都属于临时与权宜性质。太宗时，因"已察铨选之微"，曾有意重行汉辟召之法，而"未及更"[1]。唐前期中央派使次数频繁，凡使臣所需副佐，或由中央指派，或自行奏请，被奏之人多为京诸司在职官员，使罢即回原任，彼此没有隶属关系。随着按察使一变为采访处置使（开元二十一年），二变为观察使（至德年间，即公元756—757年）以后，使这一使职逐渐成为道一级的地方长官。史载，采访使及节度使的幕僚"皆使自辟召，然后上闻"，可知在使职逐渐固定化、普遍化、地方化的过程中，辟署逐渐得到发展。其他使职的几个系统，如中央财政使、中央各类杂使等，与地方藩府的发展几

---

[1]《通典》卷一五《选举三》，第363页。

趋同步，辟署制作为与使职差遣发展相适应的选官制度，便以与前朝名称相同，形式类似，但其内涵不尽相同的面貌，在唐后期盛行于世。

唐的使职，主要有几个系统，地方藩府与财政使系统属较大的系统，研究辟署制也主要从这两大系统入手。此外还有中央临时派使（如外交使臣、礼仪使、山陵使、知选使、黜陟使等），中央及地方杂使（如监牧使、监仓使等），内诸司使，监军使等。地方使府系统主要是在安史之乱前后形成的，史载，"凡今三十一使，十一观察，与防御经略以守臣称使府者共五十"[1]，全国各地"尽裂方镇"。财政使系统初形成时，名目较多，开元中，宇文融"广置使额，以侈上心"，领劝农使。所奏二十九人为劝农判官，皆假御史，启使下幕僚假朝衔之先[2]。后财政使逐渐统一，成为独立的使职系统，各道及水陆要冲遍置巡院。这两大使职系统各自拥有庞大的幕职队伍，以辟署形式为主要的选任幕僚的方式。藩府府主为节度使或观察使，此外还往往身挂数种其他使，每使各有幕职，再加上除

---

[1]《全唐文》卷四九三权德舆《魏国公贞元十道录序》，第5029页。
[2]《新唐书》卷一三四《宇文融传》，第4557页。

割据性较强的藩镇外，一般使府转徙频繁，置府又多（五十左右），府主又往往随事置员，因此，辟署制主要行于藩府。辟主均为使职，且以地方使府府主占有压倒多数。这与两汉时辟主主要是公府及地方州郡长官显然不同。

（二）选辟对象

唐后期辟署对象可谓广泛，几乎不受任何身份、资格、家世、品级、年龄的限制，而且没有任何考试程序。府主选辟时，一般为先聘后奏，极个别的有先奏后聘[1]。

据史载，大体有以下几类人被延辟入幕：

一是在职官员。如独孤及任华阳尉时，被辟为江淮都统李峘府掌书记[2]。姚南仲任海盐令时，"浙西观察使韩滉表为推官"[3]。赵憬为水部员外郎，"湖南观察

---

[1]《新唐书》卷一六六《令狐楚传》，第5098页。
[2]《新唐书》卷一六二《独孤及传》，第4990页。又，关于使府的幕职名称，请参见杨志玖、张国刚《唐朝藩镇使府辟署制度》，《社会科学战线》1984年第1期。
[3]《新唐书》卷一六二《姚南仲传》，第4990页。

使李承表憬自副"[1]。据贞元二年敕文,"中书门下两省供奉官及尚书省、御史台现任郎官、御史等自今以后,诸司诸使并不得奏请任使,仍永为常式[2]。可见此前,上述官员被奏请为使者确有人在。此后,"出使郎官御史"一词在诏敕中不断出现,亦知仍未能禁断。

二是选人,包括前资官(考满待选、丁忧、辞官寓居、他府幕职官等)及通过各种途径已取得出身的人(科举、门荫、杂色入流等)。例如:李钰,举进士高第,河阳乌重胤表置幕府;韩愈进士及第后,"三试吏部而无成",遂入宣武幕府;刘辟,擢进士,又中宏辞,未铨,而仕韦皋府;李绅,进士及第后,"补国子助教,不乐,辄去。客金陵,李琦爱其才,辟掌书记";柳仲郢,进士第后为校书郎,牛僧孺辟宣武幕府;李让夷,进士第后辟镇国李绛府判官,又从西川杜元颖幕府。

三是布衣。例如:齐抗,因安史之乱,与母亲隐居会稽,被寿州刺史张镒辟署在幕府;卢群,在华山求学,被陈少游辟署至淮南幕府;李戡,以处士入平卢幕府。

---

[1] 《新唐书》卷一五〇《赵憬传》,第4811页。
[2] 《唐会要》卷五四《中书省》。

六、"为使则重，为官则轻"

上述所举都为节度观察使系统，其他使府延辟之人也不超出以上范围，只是外交使臣及中央京司诸使（如礼仪使、知选、山陵等使）一般都辟现任官或前资官，财政使范围大些，多从选人以上身份者中选辟。

唐朝对入幕者的身份有规定，必须是有出身人六品以下正员官，又规定现任的中书、门下两省供奉官及尚书省、御史台现任郎官、御史等，不得奏请为幕职官。但并没有严格执行。

（三）被辟者的标准与条件

辟署制在实行过程中，始终没有考试程序，又没有严格的身份约束，那么，辟主根据什么标准选辟？具备什么条件的人才能入幕呢？一般来讲，府主在遴选幕僚时，多从以下几方面考虑。

1. 才干

马端临对唐朝辟署之法甚为称道，特录刘贡甫言，"唐有天下，诸侯自辟幕府之士，唯其才能，不问所从来,而朝廷常收其俊伟,以补王官之缺"[1],可知才能为辟选之首要标准。

刘晏以宰相领财政使,辟用数百人,"皆新进锐敏,尽当时之选"。唐政府对使府的责成事效,使主本身具有的选辟权,以及府务繁剧,得才不仅可以亲事成功,还可以提高府望,使得才干成为入幕的首要因素。再以刘晏为例,"晏殁二十年,而韩洄、元琇、裴腆、李衡、包佶、卢征、李岩初继掌财利,皆晏所辟用,有名于时"[2]。包佶因坐累贬斥岭南,刘晏仍起奏为汴东两税使。毕諴,早孤,祖上虽有官,但后人"世失官为盐估",连中进士、拔萃,辟杜悰府。杜悰令度支,表为巡官。懿宗时,毕諴官至户部尚书判度支,后居相位。骆俊,度支司书手,因题诗一首,度支使发现他有才可用,遂擢为巡官,后典名郡。李巽,因"天资长于吏事",杜佑领财政使时,表为副。唐后期财政使所掌管的财利成为维系中央朝廷的重要支柱,不能不说与财政使系统有一支精干的幕职队伍有很大关系。

---

[1] 《文献通考》卷三九《选举十二》,第368页。
[2] 《新唐书》卷一四九《刘晏传》,第4797页。

地方藩府亦如此。李少良,"以吏用,早从使幕"[1]。杜佑为县丞时,尝过润州刺史韦元甫,元甫以故人子待之,不加礼,后因元甫有疑狱不能决,"试讯佑,佑为办处契要无不尽,元甫奇之,署司法参军,府徙浙西、淮南,皆表置幕府"[2]。韩滉久镇浙西,所聘用的宾佐,随所长而用之,堪称得人。李训、郑注谋诛宦官,郑注镇凤翔,"仍妙选当时才俊以为宾佐",以利己用。

2. 文化素养

唐朝科举已成为占主导地位的选官方式,唐后期,在中、高级官吏中科举出身者已占大多数,科举制的发展从一个侧面反映了社会文化水平的普遍提高,凡科举及第者,一般也多为具备较高文化素养之人。辟署制虽然在选官体系中层次较低,辟署范围又广,如从正史记载中看,重要的、正式的幕僚,科举及第者占有相当大的比例。唐后期,吏部宏词(辞)、拔萃二

---

[1]《旧唐书》卷一一八《元载传附李少良传》,第3415页。
[2]《新唐书》卷一六六《杜佑传》,第5085—5086页。另参见《旧唐书》卷一四七《杜佑传》,第3978页。

科较为发达,中此二科后,又从辟者也不少。

据前述《新唐书》列传统计,194人有从辟经历,其中166人为科举出身(126人进士科),其余26人未曾科举及第,但其中有"力学""明春秋""隐逸读书"者若干人,亦为文化素养较高之人。194人中有98人为初仕应辟,其中科举出身者93人(90人进士科及第),未曾科举而有学者5人,可知科举出身者在重要的幕僚中占有相当大的比例,尤其是后来能"迁腾倏忽,坐致郎省"者,可以说是占有绝对优势。

科举制在选官中的主导地位,在新兴起的辟署制中也得以体现,如无科举出身,但有文学、通经等修养,府主亦不拘格限延聘。又如刘三复,有才华,李德裕辟为宾佐;杨炎,以"文藻雄丽",初次入仕即被辟为河西节度掌书记;再如田询,无科举出身,又寒士,亦无引援,但因文才极佳,为藩帅郑光所倚重,可知文职幕僚队伍是以一批文化素质较高的人为骨干力量。

3. 名声

府主辟幕僚,或为"为我所用",或为"以重府望",

六、"为使则重,为官则轻"

二者也往往分不开,重视对社会上已有名气的人的延聘,则后一种目的更为明显。古代社会的统治者一向对高德、硕学、隐逸、至孝、清正等较为重视。将其作为一种优良的社会风气和道德标准加以提倡、旌表,其中一些人并可由此入仕或擢迁。辟署制兴起后,幕僚队伍容纳量较大,府主往往借助延聘名士或高德之人抬高自己的社会地位与声望。

崔觐,山南西道节度使郑余庆"高其行",辟他为节度参谋,"累邀方至府第。为吏无方略,苦不达人事,余庆以长者优容之"[1]。

甄济,天宝中隐居卫州青岩山,人伏其操行,安禄山表为掌书记[2]。

陆质,因对《春秋》研究颇深而知名,陈少游镇扬州,爱其才,辟为从事[3]。

韩愈,一代文豪,"泪举进士,投文于公卿间,故相郑余庆颇为延誉,由是知名于时",登进士第后,虽"四试于吏部无成",宰相董晋出镇的大梁,即辟为

---

[1]《旧唐书》卷一九二《崔觐传》,第5134页。
[2]《旧唐书》卷一八七下《甄济传》,第4909页。
[3]《旧唐书》卷一八九《陆质传》,第4977页。

巡官[1]。

刘蕡，文宗太和二年（公元828年），策试贤良，抨击宦官专权，影响仕途，令狐楚镇兴元，牛僧孺镇襄阳，皆辟为从事，"待如师友"[2]。

柳浑，洁廉操守，"江南西道连帅闻其名，辟至公府"[3]。

《唐国史补》载，"伊慎每求甲族以嫁子，李长荣则求时名以嫁子，皆自辟为判官"[4]。

史书对凡盛选才彦、延聘名士的使府，颇多溢美之词。

如韦夏卿历徐泗濠节度使、东都留守，"其所与游辟之宾佐，皆一时名士"[5]。

王质，任宣歙团练观察使时，所辟崔珦、刘蕡等，"皆一代名流，视其所与，人士重之"[6]。

---

[1]《旧唐书》卷一六〇《韩愈传》，第4195页。

[2]《旧唐书》卷一九〇下《刘蕡传》，第5077页。

[3]〔唐〕柳宗元:《柳河东集》卷八《故银青光禄大夫右散骑常侍轻车都尉宜城尉县开国伯柳公行状》，上海人民出版社，1974年，第113页。

[4]《唐国史补》卷上，第29页。

[5]《旧唐书》卷一六五《韦夏卿传》，第4298页。

[6]《旧唐书》卷一六三《王质传》，第4268页。

崔衍，任宣歙池观察使，"幕府奏聘皆有名士，后多显于世"[1]。

乌重胤，牙将出身，官至节度使，"求贤者以自重"，因其"善待宾僚，礼分同至，当时名士，咸愿依之"[2]。

安禄山，柳城杂胡，以边功晋升，反意萌动未成猝发之势时，屡屡延揽名士入幕，以抬高府望，如：才名俱佳的权德舆，文儒世家的颜杲卿，卓行之士权皋，隐居高行的甄济，等等。

4. 关系

凡能登居使府府主之位者，或曾历践中外，或为出将入相，或盘踞一方，与中央形成纵向关系，与其他使府形成横向关系，他们为了巩固势力，互相依托，辟署制成为他们编织关系网的有力手段，在这里，政治背景与身世背景成为入幕的重要条件。

据《新唐书》列传统计，入幕者近四分之三均有政治或家世背景。可见，显宦世家、名门望族、当朝卿相、方镇节帅、宗室贵戚，其子弟多为藩府作为重

---

[1]《新唐书》卷一六四《崔衍传》，第50 428页。
[2]《旧唐书》卷一六一《乌重胤传》，第4224页。

要的选辟对象,中朝宰相、要官亦借方镇托亲私,彼此呼应,互为援引。因此,当沈既济建议恢复州府辟召之法时,反对者称"若使外州辟召,必是牧守亲故,或权势嘱请,或旁邻交质,多非实才"[1],是有道理的。

5. 亲故

亲朋好友及他们的子侄,亲信旧僚,作为府主巩固内部势力的主要力量,成为幕僚队伍的重要来源,这里主要体现了任人唯亲的原则。府主与僚属往往可以结成较深的私人关系,同出同入,同徙同迁。

路严父路群,累官中书舍人、翰林学士承旨,及路严进士及第后,"父时故人在方镇者交辟之"[2]。

裴枢,直弘文馆时,大学士王铎"深知之",后王铎罢相失职,枢亦久之不调。王铎复见用后,即"以旧恩徙为郑滑掌书记"[3]。

刘三复,少孤,文章知名。李德裕表置浙西幕府,

---

[1] 《通典》卷一八《选举六杂议论下》,第447页。
[2] 《新唐书》卷一八四《路严传》,第5397页。
[3] 《旧唐书》卷一一三《裴遵庆传附裴枢》,第3357页。

六、"为使则重，为官则轻"

史曰"德裕三领浙西及剑南、淮南，未尝不从"[1]，亦随德裕登朝。

王徽，徐商领盐铁时辟署使府，后"徐商罢政事，守江陵，心欲表徽在幕府，恐其不乐外"，而王徽自往，以知遇之恩欣然入幕[2]。

司空图，"擢进士，礼部侍郎王凝特所奖拔，俄而凝坐贬商州，图感知己，往从之。凝起拜宣歙观察使，乃辟署幕府"[3]。

李藩，父为观察使，家富于财，父卒后，数年而贫，"年四十余未仕"，杜亚居守东都，以故人子署为从事[4]。

以上均为或有亲，或有故，或有旧，或有恩。还有府主强使幕僚与己结成姻亲关系以自固，如许远，"初客河西，章仇兼琼辟署剑南府，欲以子妻之，固辞。兼琼怒，以事劾贬高要尉"[5]。

---

[1]《新唐书》卷一八三《刘邺传》，第5381—5382页。

[2]《新唐书》卷一八五《王徽传》，第5408页。

[3]《新唐书》卷一九四《司空图传》，第5573页。

[4]《旧唐书》卷一四八《李藩传》，第3997—3998页。

[5]《新唐书》卷一九二《许远传》，第5541页。

像这种亲朋故旧入幕的比例不少，使藩府具有一种向心力和凝聚力，容易结成较牢固的私人关系，成为藩府具有某些独立性或割据性的人事方面的因素之一。中央临时派使及杂使，使任既短，使额有限，不易结成较长久的私人关系。财政使系统到唐晚期，亦不可避免地走向腐败，"私署亲朋"的现象也极为严重。

6. 地域

藩府坐镇一方，选辟幕僚时，地域性也是考虑的因素之一。诸如河北等强藩自不待言，他们与本道内的地方势力逐渐融为一体，形成盘根错节的可以与中央抗衡的割据势力，自署官吏，主要从本地区、本府属僚和同乡（籍贯）中选任，可奏便奏，否则便差摄、充职，或武兼文职，幕僚处于相对稳定状态。相反，与中央关系越密切，幕府的选徙、罢置越频繁，府僚的流动性也就越大。一般来讲，府主不管任期长短，都较为注意延辟当地人士（包括富豪、大族、当地胥吏以及寓居官族等）入幕，这有助于统治的稳定。

六、"为使则重，为官则轻"

军府"取大将子弟列于军籍"[1]更是平常之事。唐后期，大批地方上的胥吏、乡豪、富贾、工商杂类依靠辟署的方式，或以其财力，或以其当地盘根错节的势力，占据了地方州县大大小小的官职。

严震，梓州人。"本农家子，以财役里间。至德、乾元中，数出资助边，得为州长史"，此后，先后为西川、东川、山南西道节度使表署，累迁至节度使[2]。

赵植，朱泚之乱，德宗幸奉天，他率家人奴客奋力拒贼，又献家财以助军赏，属有财有势的地方豪酋。浑瑊辟他为推官，后位至大官，其孙赵隐，咸通（公元860—873年）末拜相[3]。

韩伋，初为桂管观察使，"部二十余州，自参军至县令无虑三百员，吏部所补才十一，余皆观察使商才补职"。不少职缺为乡豪所占，韩伋惩一忠百，"自是豪右畏戢"[4]。

上述现象在唐后期较为普遍，在正史列传中无

---

[1]《旧唐书》卷一八一《史宪诚传附史孝章传》，第4686页。
[2]《新唐书》卷一五八《严震传》，第4942页。
[3]《旧唐书》卷一七八《赵隐传》，第4621页。
[4]《新唐书》卷一一八《韩思复传附韩伋传》，第4274页。

法全部反映出来，但有关的诏敕文中，却有不少记载。这些商贾、胥吏、富豪、乡酋杂色人，"入钱买官，纳银求职"[1]，"争赂藩镇，牒补列将"[2]，"方镇嗜利者，即以大将文符给之，伪其职秩，年月未几，则求荐闻"[3]。或以军职、试衔奏充州县之职，因此造成"天下州县……唯任胥徒"[4]；或刺史县令是"本州百姓及商人"[5]。五代承唐余风，"今之刺史，或因缘进禄，或贡奉家财"[6]，而三铨混入工商卜祝之徒，无疑肇始于辟署制兴起之后。

除上述几方面外，还有些特殊原因亦可作为入幕的因素，如郑注以药术依李愬，遂被署为衙推[7]。不过这些材料较为零散，不宜归类。

张建封为中唐时期颇负盛名的徐州镇帅，在位12年（公元788—800年），今人郭殿崇作《张建封幕吏

---

[1] 《唐大诏令集》卷七二《乾符二年南郊赦》，第400页。
[2] 《资治通鉴》卷二四二"穆宗长庆二年"条，第7812页。
[3] 《册府元龟》卷六三一《铨选部·条制三》，第7565页。
[4] 《全唐文》卷八五懿宗《大赦文》，第899页。
[5] 《唐大诏令集》卷七二《乾符二年南郊赦》，第405页。
[6] 《册府元龟》卷四七六《台省部·奏议七》，第5682页。
[7] 《旧唐书》卷一六九《郑注传》，第4399页。

考》[1],共考得16人,其中进士、明经、制科、乡贡进士加有一定文才者14人(其中2人为隐士);宰相后、大姓、宗枝等有家世或政治背景者6人;16人中7人登朝,9人正史有传。统计虽然无法完整,因大量入幕者正史无传,但也可据此作为幕僚构成的参考。

(四)唐朝辟署制的特点与兴起之原因

辟署制在遁迹70年左右的时间后,于唐后期又勃然兴起,可以说是政治、军事、经济、社会诸因素交互作用的结果,从制度本身来看,又具有与前朝所行之法不同的特点。

1. 唐辟署制的特点

辟署制行于使府而不是行于州县或公府,这点与前朝不同,唐辟署制是为适应新形成的官僚系统而出现的。

凡幕僚要员,府主均为其表奏相应的朝衔,以"荐"

---

[1] 《徐州师范学院学报》1987年第4期。

的方式而不是"举"的方式向朝廷推荐。幕职既可纵向升黜,又可横向转辟,反映出中央与使府、藩镇与藩镇之间错综的关系。

州县职与幕职本为两大系统,职能亦有区别,但随着辟署制的发展及向州县的渗透,两者在人员上趋于合一,到北宋完成了这一合一过程。

2. 唐辟署制兴起的原因

辟署制在唐后期的兴起,政治、经济、社会等方面的变化,都为其提供了必要性和可能性。

从政治方面看,政治、军事形势的发展与变化,导致了节度、观察使府的发展与普遍化,府主集军、政、财权于一身,凌驾于地方州县之上,形成道一级的地方机构。财政使系统亦是在原有经济制度破坏,原有官僚机构无法充分发挥其职能以满足国家对财政的需要的前提下而形成的。这两大使职系统的发展导致原有的政治格局与权力结构发生变化,从而导致权力的再分配,选官制度的变化就是在这一再分配的过程中完成的。辟署制的兴起正是最具有代表性的变化之一。府主运用较灵活与开放的辟署权力,选能吏、文人、

六、"为使则重,为官则轻"

才子以充实幕府,责成事效;延名士、揽贤德以重府望,抬高自己的地位;招揽亲故,吸收贵势、邻藩子弟,可以互为援引,用以自固。因此,辟署制的盛行,使使府的权力进一步扩张;而使府权力的扩张,又促使辟署制的进一步发展,不仅在选官的低级层次上占有较大比值,并利用"冬荐"等形式,向高级选官层次中渗透。

从经济方面看,均田制、租庸调制的破坏,直接导致了国家税收制度的变化,间接引起了国家财政体制的变化,由过去中央统收统配的财政预算及分配原则、中央一体化的财政体系,变为三级核算、分级支配的财政体制。每年地方税收分为留州、送使、上供三大类,其中的送使部分占有较大份额以及较自由的支配权[1],使府主在任意延聘幕僚方面具备了财政支付的自主权与能力。中央财政使等亦是如此,经费有较大的保证。史载,德宗贞元时,"州刺史月俸至千缗",而"方镇所取无艺"[2]。薛钰,任楚州刺史及本州营田使,"先是,州营田宰相遥领使,刺史得专达,俸钱及他

---

[1] 参见陈明光《唐朝财政史新编》,中国财政经济出版社,1991年。
[2] 《新唐书》卷一三九《李泌传》,第4635页。

给百余万,田官数百员,奉厮役者三千户,岁以优授官者复十余人","钰皆条去之,十留一二,而租入有赢",因而为观察使诬奏贬官[1]。唐后期,藩府一般都带营田使,再兼其他诸使,收入甚为可观。因此,藩府幕僚可"随事增置",虽有明令限制员数,其实所辟之人远远超过限额。财政使则由于中央对其的倚重与直接掌管、征收钱税,其收入与权限自不待言。

区域性经济在唐朝的发展,为地方藩府的割据与半割据状态提供了经济基础。唐朝,道的设置,大多以地理形势划分,这种不同的地理形势(包括气候、物产、位置等)造就了各具特色的经济区域。随着整个社会经济的发展,各大经济区以或快或慢的速度向前发展,尤其是蜀地、东南八省、岭广地区发展尤迅,只是发展水平参差有别。此外,如河北、山东等强藩拒不供赋,本地财源全供就地消化,因此,自保有余。这样,雄厚的经济实力,再加上较自由的支配权力,自然可以"吏之职名,随人置署;俸给厚薄,由其增损"[2],为府主豢养庞大的幕职队伍提供了可能。例如,

---

[1] 《旧唐书》卷一八五下《薛钰传》,第4827页。
[2] 《旧唐书》卷一一八《杨炎传》,第3421页。

六、"为使则重,为官则轻"

徐申,初赴岭南节度使任,"前使死,吏盗印,署府职百余员,畏事泄,谋作乱。申觉,杀之,诖误一不问"[1]。虽属权略之策,但也反映幕府的容纳量很大。

从选官制度发展的规律来看,任何一种制度都有形成、发展、完善、衰微乃至最后消亡的过程(或以改造了的面貌为新的统治需要服务),铨选制度发展至中唐,已弊端万种,书判定是非、循资晋级、会聚京师等选人原则与方式,不能满足国家对人才的需求,也不适应日益发展的使职系统,再加上官阙流失及士庶流散等原因,铨选制的衰微是不可避免的,虽然中央也极力对铨选进行整顿和改造,但处于唐后期的复杂局面,无法解决主要问题及由此而产生的一系列矛盾。辟署制正是在上述前提下,有了较充分发展的余地,弥补了铨选的不足及缺陷,在一定程度上解决了中央、使府及个人三者各自不同的需求,当然,也不可避免地制造了新的问题与矛盾。

从社会及社会阶层发展变化上看,自唐高宗、武则天起,社会就面临着两大变化:一是统治阶级内部

---

[1]《新唐书》卷一四三《徐申传》,第4695页。

的更新，表现为将旧士族逐渐从政治及社会舞台上彻底铲除和抑制新门阀的形成；二是继续扩大统治基础，吸收更多较低阶层的人士入仕。降低与减少门荫、家世背景在选官中的层次与作用，扩大科举取士名额，发展学校事业，增加军功、胥吏入流的机会，都可以看成服从上述两大变化的具体手段。武则天后形成的新贵，如何取得世袭高官的地位，仅靠门荫或科举，大批人还是无法迅速升迁。中唐以后，随着私有土地的发展，土地买卖的盛行，商品经济的活跃，大批中小地主、豪酋、富贾、工商、胥吏，迫切要求有更多的机会与更合适的途径，以更直接的方式取得政治上的相应地位，参加到政权中来，仅凭科举途径无疑是杯水车薪，依靠胥吏入流，辗转时间过长，且结局亦不过是终老于下位，社会地位也较低。可以说，辟署制的跳跃性与容纳量，恰恰为这几类迥然不同阶层的群体都提供了有利条件。关于第二类群体通过辟署大量步入仕途，比较好理解，而关于第一类公卿子弟、新贵阶层如何利用辟署世袭高位，吴宗国先生已有精

六、"为使则重,为官则轻"

辟之论[1],对如何理解这一问题极为有益,此处不再赘述。

为什么入幕对各阶层、各类型的人士都具有强大的吸引力呢?为什么"唐世人初登科或未任者,多以从诸藩府辟署为重"[2]呢?如崔元翰,"博陵崔氏,进士擢第,登博学宏辞制科,又应贤良方正、直言极谏科,三举皆升甲第,年已五十余",按理说,得一清要官应不成问题,却首应辟于幕府。杨志玖、张国刚先生将其原因归纳为:在唐后期的仕途中,幕职是地位崇高、俸禄丰硕、职权重大并最有政治前途的"要津"[3]。其概括得较为全面。这种吸引力也是辟署制大行、入幕风颇盛的主要原因之一。

---

[1] 吴宗国:《进士科与唐朝后期的官僚世袭》,《中国史研究》1982年第1期。
[2] 〔宋〕洪迈:《容斋续笔》卷一《唐藩镇幕府》,上海古籍出版社,1978年,第223页。
[3] 参见杨志玖、张国刚《唐朝藩镇使府辟署制度》。

（五）幕职的地位与不同类别幕僚的出路

1. 幕职的地位

如上所述，幕职地位是较高的，但毕竟"下台阁一等"，虽然优厚的俸禄，使不少贫士放弃清要之职，甘愿入幕，但实际地位恐怕在"次清"官之后[1]。当然，如有人进士及第或原为中央"清资要官"或"次清官"者，入辟时，地位自然较高。但在传统观念上，仍属"浊职"范围，以幕职出身，世人并不以为美，尤其是一些自恃高门望族或自视清高者，耻为之。财政使下院官，因执掌财利，似更下藩府幕职一等。不屑从辟

---

[1] 毛汉光在《唐朝荫任之研究》中将《唐会要》卷七五《选部下杂处置》"八寺丞、九寺主簿、诸监丞簿、城门郎、符宝郎、通事舍人、大理寺司直、大理评事、左右尉、千牛尉、金吾尉、左右率府、羽林卫长史、太子通事舍人、亲王掾、属、判司、参军、京兆河南太原判司、赤县簿、尉、御史台主簿、校书、正字、詹事府主簿、协律郎、奉礼郎、太祝等"都列为"次清"官，流外及视品官出身者不得任上述官职。

六、"为使则重,为官则轻"

者认为"务苟进者,多由径而至显位"[1]。

如裴垍,进士擢第,又应贤良制举,对策第一,授美原尉,"藩府交辟,皆不就",历践清望之官,位至宰相[2]。

韦贯之,高门宦族,进士第后又擢贤良方正异等,补伊阙、渭南尉,"河中郑元、泽潞郗士美以厚币召,皆不应",中间因坐事出为远州刺史,后召回,从中央台省清要,累至宰相[3]。

丁公著,辞官归侍乡里,不应请辞,居父丧,又哀毁之极,以此观察使薛苹、宰相李吉甫相继延荐其行,从清要之职迅速升迁,官至礼部尚书、翰林侍讲学士[4]。

赵隐,闭门读书十余年,"不应辟命"[5];甄济,隐居青岩山十余年,"诸府五辟,诏十至,坚卧不起"[6]。

---

[1]《全唐文》卷三九一独孤及《唐故衢州司士参军李府君墓志铭》,第3975页。
[2]《旧唐书》卷一四八《裴垍传》,第3989页。
[3]《新唐书》卷一六九《韦贯之传》,第5153页。
[4]《旧唐书》卷一八八《丁公著传》,第4936页。
[5]《旧唐书》卷一七八《赵隐传》,第4622页。
[6]《新唐书》卷一九四《甄济传》,第5567页。

这都为他们自身博取了清名,对他们此后的宦途极为有利。

许康佐,进士及第后,为侍养老母,求为知院官,"人或轻怪",母死后,不就侯府之辟,"名益重"[1]。

应辟者,不少人是因举场、选场失意,如韩愈、李益;有的是因朋党之争或犯忤权要,久之不调,如牛僧孺、李宗闵。绝大部分入幕者,"得陇望蜀",将登朝居台省作为自己的最终归宿。

2. 幕职的类别与出路

入幕之人按类别可分为五部分:一是卿相贵势子弟,一般多有政治、家世背景;二是一般官僚子弟和普通知识分子;三是名士和才干突出之人;四是亲朋故旧及子侄;五是地方豪酋、胥吏、工商杂类。这五类人入幕目的及出路也有较大区别。第一类人,入幕只是他们的跳板或镀金之所,其目的是借此"倏忽腾越,坐致郎省",府主也不过是以他们为结交的媒介,并无长远打算。第二类人则比较复杂,入幕动机各殊,

---

[1]《册府元龟》卷七五六《总录部·孝六》,第 8998 页。

六、"为使则重，为官则轻"

幕府可作为他们展露才华、磨砺吏干、借此扬名之"要津"，其中确有才华出众者，被陆续选拔到中央，一些人并晋升至卿相。第三类人中，延名士往往是"以重府望"，故不少人为府主点缀、习游之用。有的很快以征召或荐的形式入朝，有的则作为府主的宾僚，优容待之。辟有才干者，则是"为己所用"，常常是"留之不徙"，倚重而不荐，甚至随府主屡屡迁徙、出入。第四类人的出路与第三类人大致相同。第五类人则大部分在本道内迁转，其中一部分人得以参加以幕职为主要对象的"冬荐"，但能通过此途径升至清要，任居卿相者，人数极少。

这五类人并非泾渭分明，往往一人可以跨若干类。藩府罢时，幕僚或被府主继续辟留，或被他府奏署，或被中央征召，或赴京参加冬荐，以待选试。

（六）幕府的辟、奏（差摄）、荐权及运用范围

唐朝辟署制的特点之一在于它与奏、荐形式的结合。辟、奏、荐，是唐后期使府具有的三种选官权力。这三种形式具有一定的层次区别，又有紧密的联系。

129

辟权,是府主最不受约束的选官权力。虽然中央对入幕之人有身份与品级的规定,但实际并无真正执行。

奏权,与辟权有区别,辟是辟幕职;奏,是奏官职或官衔。按规定,一般应先奏后聘,才能延辟入幕。这里我们只是归纳奏官之"奏"。府主之奏,分为两类:一是为幕僚(军府则是为将吏)奏请或奏改官衔,所奏之衔为检校(郎省)、试(府寺)、兼(御史台)等;二是奏请辖区内州县官人选(因藩帅多带刺史)。唐前期,奏官例极少,王府官可以奏授[1],也有长吏奏官[2],但极个别。唐后期的奏官之兴,当始自肃宗艰难之时,军府奏请激增自不待言,州府亦"多有奏请官者"[3]。奏风之起时,还受到一些限制。史载,郭子仪平难之后,"尝奏除州县官一人,不报",僚佐极为不满,子仪闻之曰:"自兵兴以来,方镇武臣多跋扈,凡有所求,朝廷常委曲从之,此无他,乃疑之也。今子仪所奏事,人主以其不可行而置之,是不以武臣相待而亲厚之

---

[1]《旧唐书》卷一八九下《尹知章传》,第 4974 页。

[2] 参见《大唐新语》卷三。

[3]《册府元龟》卷六三〇《铨选部·条制二》,第 7554 页。

六、"为使则重,为官则轻"

也,诸君可贺亦,又何怪焉。"[1] 李愬平淮蔡后,"请判官大将以下官凡一百五十员",因"奏请过当,遂留中不下"[2]。可见奏官有一定限制,尤其因终审权在中央,这种限制可以发挥作用,而且文职州县官的奏请比军府武职的奏请限制更多。

凡奏官,有身份、资格、考限等限制。同时,对未奏而差摄州县者,亦有相应的限制,如白身、前资、殿选人、流外出身人、散试衔等,原则上都不得奏请州县官职[3],对奏请州县官的地区、人数、州县官不得縻使职等,都有规定[4]。对使府为幕僚奏请朝衔及奏改朝衔,有人数、资格、考限等方面的限制[5]。因此,奏权是有范围的,虽然这种约束力处于一种一张一弛的状态,但毕竟不是可以任所欲为。于是,就出现或虚竖头衔为之奏请,或大量差摄军将、幕职摄职。发展到后来,不仅正官可摄,幕职官亦可摄,幕府中,摄

---

[1] 《资治通鉴》卷二二五 "代宗大历十年"条,第 7231 页。
[2] 《唐会要》卷七八《节度使》。
[3] 参见《册府元龟》卷六三二《铨选部·条制四》和《唐会要》卷五八《吏部尚书》。
[4] 参见《册府元龟》卷六三二《铨选部·条制四》。
[5] 参见《册府元龟》卷六三〇《铨选部·条制二》和卷六三一《条制三》。

官占有相当大的比例[1]。

奏权并不限于藩府,地方州府长吏、宰相及财政使亦有较大的奏权,与荐权结合在一起,主要奏请的范围是台省诸司要官,京畿地方官及财政使下僚属。奏权应处于辟与荐之间的位置上。正史中所记奏官事例不少,不再一一列举。

史载,由于"诸道州府所奏悉行,致令选司士子无阙"[2]。辟署制虽然造成官吏队伍膨胀,但并不占正阙。由于奏请基本为正员官,因此,严重干扰了吏部岁常的铨选工作。

荐权,主要是向中央推荐幕僚的权力。能否得到府主的荐,成为幕僚仕宦能否转机的关键环节。中央对荐的限制更加严格,并逐渐将其纳入统一考试与审核的轨道。

使府辟、奏、荐三权的有机结合,三种形式的交相运用,构成了与前朝所行辟署之法不同的特点。

即使是河北强藩,"兵力虽强,不能自立,须藉

---

[1] 〔清〕陆增祥编《八琼室金石补正》卷六八李沨《高凉皋记》,见《石刻史料新编》,新文丰出版公司,1982年,第1辑第7册,第5096页。
[2] 《全唐文》卷九六五《请停奏补奏》,第10026页。

朝廷官爵威命以安军情"[1]，正代表某些地方藩府与中央具有一种互相借重、双向需求、若即若离的关系。

辟署制无疑为唐后期的选官体系注入了活力，带来了生机，它在选拔非常之才方面，克服了铨选制的弊病，弥补了科举制的不足。在新的官僚体系——使职系统的形成与发展，以及社会向非身份性社会转化（从公卿子弟到平民布衣）的过程中，起了一定的积极作用。

但是，幕职队伍的日渐膨胀，选辟幕僚的杂乱无章，主僚之间的私人关系，对府主选权的约束力太弱，都不利于中央集权，因此，五代时，府主所拥有的辟、奏、荐权都逐渐回归中央。北宋时，节度使已成荣誉之位，州县幕职混而为一，一律纳入铨选范围，此后的历史，便不再出现唐后期这种大规模的、生机勃勃但却不利于中央集权的辟署制了。

---

[1]《资治通鉴》卷二四八"武宗会昌四年"条，第8010页。

七、何故形成"吏强官弱"格局

中国古代官僚体制发展的初期,官、吏的概念并无区别。《国语·周语上》曰"百吏庶民",韦昭注:"百吏,百官。"[1]《管子》曰"吏者,民之所悬命也",许慎释云:"吏,治人者也。"[2] 后世仍官、吏连称,但"吏"的内涵发生了变化。随着官僚体制的逐渐完善和严密化,不仅官、吏析为二途,而且各自的等级和层次也日趋繁复。繁复的结果是造就了日益膨胀的官僚机构,直接从事繁杂、具体工作的吏充塞及渗透到政府各类、各级部门的关键岗位与技术环节中。由此,弊窦丛生,

---

[1] 徐元诰撰,王树民、沈长云点校:《国语集解》,中华书局,2002年,第17页。
[2] 〔汉〕许慎撰,〔清〕段玉裁注:《说文解字注》,上海古籍出版社,1981年,第1页。

操纵文牍，任情坏法，上下其手，渔侵细民，甚至形成吏强官弱、官受制于吏的局面。

吏是官的派生物这点不错，但吏作为一个相对独立的阶层，其形成是有一个历史过程的，与官的关系亦非如此简单。马端临的《文献通考》，将吏第一次单独列为入仕途径，后世沿用不替。

大体上，秦汉是吏阶层形成期，隋唐是官吏分途及吏正式定位时期，元是吏道鼎盛时期，清是吏的分化及出现变态时期。唐朝是吏作为"官民交接之枢纽"的社会定位的关键历史时期。

（一）官吏分流的历史演变

先秦时代，官吏合一，这时期的吏，广义上泛指公卿百官。

秦汉时期，官与吏的职能区分逐渐明确。儒与吏在社会地位上并未有明显区别。

东汉之初，"流品渐分"，儒渐鄙吏。两者相争的结果是，儒生与文吏在官僚体系的中高层次上渐而合一[1]，吏从官中析出，主要承担繁剧杂任，升迁受到限制。吏的上层和官的中下层虽然存在着始终纠缠不清的关系，但吏的主体"不参官品"，与官分途而仕，逐渐形成比官低一个层级的相对独立的社会集团。

吏成为"官民交接之枢纽"的历史过程，正式开始于魏晋南北朝时期的区分流品。这里流品的区分，一是指就社会地位而言的士族与庶民之界限，二是指高门士族与低等士族之界限。九品中正制的确立，不论其初衷和性质如何，起了界定上述三者流品的作用。凡士人都属于大小中正品评之范围，平民百姓、贱役厮养无资格厕列其间，被排除在九品之外，对士人的品定又形成"上品无寒门，下品无势族"的局面。这是高门与寒门、士与庶在社会等级、地位以及由此而形成的社会观念上的"流品之分"。流品之分还体现在官的级别由"禄"制（以石为单位）向"品"制（或称班、命）转变。官吏以品定级始于曹魏，"即周之所谓九命，汉之所谓禄石，皆所以辨高卑之等级"[2]。一直到隋唐时期，官吏的地位、迁转、俸禄、给役及各项

---

[1] 参见阎步克《察举制度变迁史稿》。
[2] 《文献通考》卷六七《职官二一》，1986年，第610页。

七、何故形成"吏强官弱"格局

待遇都与品级直接相关。吏职的上层,仍可跻身低等官品,如中央机构中的令史、主书等,一般位列八九品。晋以后,吏职的中下层一般任职中央闲署或地方郡县,虽有俸食,大都不入流品。杜佑撰《通典》,记汉官吏禄秩,录及斗食(月俸十一斛)和佐史(月俸八斛),均属吏职,此后,对中央闲署吏员和州县吏品秩大都付之阙如。主要原因是不入流品而史载不详,另一原因是魏晋南北朝时期人身依附关系加强,下层吏与役的纠缠更为含混。"吏"的称谓被包含在"色役"的范畴中,如吏、吏干、吏门,都属于身份低微、承担各类役而具有较强依附性的民、户,而非本文所讨论的范围。《通典》所列"诸色职掌",吏、役都包括在其中。北齐官品,吏职条流已趋清晰。南朝梁陈制度,以班定高卑,"官有清浊",分为十八班,又为"寒微士人"设流外七班,"从此班者,方得进登第一班"[1]。北魏初期,高祖主持大选,鉴于"当今之世,仰祖质朴,清浊同流,混齐一等,君子小人,名品无别",因此,"立士人品第为九品,九品之外设小人之官,复有七

---

[1] 〔唐〕魏征:《隋书》卷二六《百官上》,中华书局,1973年,第741页。

等"[1]。魏废帝三年（公元557年）"始作九命之典，以叙内外官爵。以第一品为九命，第九品为一命，改流外品为九秩，亦以九为上"[2]。南北虽然分峙，但在官分清浊、流品有别、以辨君子小人的大趋势方面是一致的。这种趋势，是官僚体制等级化的要求，与"士庶天隔"的等级之分，已有区别。吏虽被归入浊流和小人的行列，在整个官僚体制中却是不可或缺的部分，因而，还须用流外品级管理和晋升。

（二）官清吏浊的定制与定势

唐承隋制，官分流内、流外，各为九品，流内又有正从之分。杜佑总括唐官员数，第一部分为"内外文武官员"共"一万八千八百五"人，第二部分为"诸色胥吏"，包括"内职掌"斋郎、府史等和"外职掌"州县仓督录事、佐史、府史等三十四万九千八百六十三

---

[1]《文献通考》卷六七《职官二一》，第609页。
[2]〔唐〕令狐德棻：《周书》卷二《文帝纪下》，中华书局，1971年，第34页。

七、何故形成"吏强官弱"格局

人[1]。《新唐书选举志》将"诸台、省、寺、监、卫、坊、府之胥吏"列入"入官之门户",而"诸司主录已成官及州县佐史未叙者"[2],不在取人入官之途内。由此,我们看到,流内、流外、内外职掌以及胥吏之间形成了既有区别又有重叠的关系。同样为吏,上层仍承担吏事,但已"成官",在中央重要部门如尚书省、御史台、秘书省、殿中省、内侍省担任主、录,他们本为流外出身,经过迁转考选"入流",品级一般为流内八九品,此为第一层次。第二层次即张广达先生所界定的狭义的吏,他们在中央各重要部门担任吏职而未成官,其中一部分归流外行署,经过考选已有流外品秩。流外官品秩由高至低依次为勋品(相当于一品)至九品,各品秩都有相应的中央各司吏职,按规定可依据考限入流,如秘书省典书,依令八考入流;另一部分承担吏事,属流外非行署,流外番官。第三层次是在各部门担任低级杂任、杂职掌及在地方各级政府任职的未入流外的胥吏,他们往往从事的是"役"而非"吏事"了。

---

[1] 《通典》卷一九《职官一》,第480页;卷四〇《职官二二》,第1106页。
[2] 《新唐书》卷四五《选举下》,第1180页。

唐帝国由"一万八千左右的官、五万七千左右的吏和三十三万左右的杂任统治着"[1]。吏作为帝国框架结构中的连接层,即"官民交接之枢纽",承担着最具体、最繁剧的技术性和事务性的工作,维系着整个官僚体制的运转。官清吏浊已成定势。

官清吏浊一是体现在制度上,官吏分途分层次入选。中国古代中央铨选体制是随着选任官制度的严密化、规范化而建立和不断发展变化的。"铨选之任,衡鉴是司,历世以来,资地尤重"[2]。铨衡百官、量才审能、增减损益、综核名籍,从史书记载上可以上溯到"周建六典,夏官之属有司士大夫二人,掌群臣之版,岁登下其损益之数,以诏王理,以德诏爵,以功诏禄,以能诏事,以次奠食,乃今铨选之义矣"[3]。隋唐时期铨选体制已趋完备。唐吏部为六部之前行首司,官属悉高于诸曹。吏部司为本司,因职任繁剧,属员也多于其他诸司,编制自吏部郎中至亭长、掌固共有

---

[1] 张广达:《论唐朝的吏》,《北京大学学报》1989年第2期。
[2] 《册府元龟》卷六二九《铨选部·总序》,第7538页。
[3] 《册府元龟》卷六二九《铨选部·总序》,第7538页。

七、何故形成"吏强官弱"格局

115人[1]。汉代，州郡佐吏自别驾长史以下，皆长官自辟。北魏末年，"州郡辟士之权浸移于朝廷"，隋则"一切归在省司"，统由吏部掌管，确立了中央铨选体制。隋朝铨选已有层次之分，"尚书举其大者，侍郎举其小者"，"自是海内一命之官州郡无辟署矣"[2]。唐朝铨选制度更加严密和完备，范围更广，选任对象不仅包括"入流"之官，也延伸至"流外"之吏，分为流内和流外两大层次，分别选任；流内又分为五品以上和六品以下两个等级，不同层次和不同等级选任的方式、标准、内容有严格的区别。流外选，由吏部郎中一人典掌，称为"小选"，或谓之"流外铨"，"其校试铨注与流内铨略同"[3]，"略同"是就其选任规制而言。流外铨的职能，一是对应选流外官者进行书、计、时务的考选，与流内官铨选时着重的"身、言、书、判"和"德行、才用、劳效"相比，对流外官的选任更注重实际工作能力，因此，"其工书工计者，虽时务非长"，亦

---

[1] 《唐六典》卷二《尚书吏部》，第25—26页。

[2] 《通典》卷一四《选举二》，第341—342页。

[3] 《唐六典》卷二《吏部郎中》，第38页。

可"叙限",如"三事皆下,则无取焉"[1]。流内铨选的对象是通过科举及第、门荫结品、流外入流等已有出身和前官待选者,而唐朝的流外铨的选取对象主要有以下几类:一是六品以下九品以上子弟,无资格跻身门荫序列,他们中的一部分人已担任着未入流外的杂任、杂掌;二是州县佐史,包括州县及镇仓督、县博士、助教、中下州市令、岳渎祝史,"并州选,各四周而代"[2],他们属于在编的吏职,但很大一部分从事的是吏与役不分的杂职掌,如县市令,规定"取勋官五品已上,及职资九品者,若无,通取勋官六品已下",仓督则"取家世重大者为之";三是没有出身也未担任低级吏职的庶人,通过州一级的初选者。由此可知,参加流外官考选的主要是具备基本文化素养的低级官吏子弟、身份较低的勋官和地方上财势之家的子弟。

吏属于官僚体系不可或缺的部分。

吏职的上层通过流外入流跻身正式品官,属"杂色"入流,每年为数不少。但入流后,因"凡出身非

---

[1] 《唐六典》卷二《吏部郎中》,第38页。
[2] 《唐六典》卷三〇《州县官吏》,第525页。

七、何故形成"吏强官弱"格局

清流者,不注清资之官"[1],升迁与任职都受到限制。如果任职中书主书、门下录事、尚书都事(皆为流外出身、流内从七品上),"历任考词使状有清干及德行言语兼书判吏经六考以上者",可拟寺监丞、左右卫及金吾长史,即非清资的五六品官,一般情况下,这已是流外出身者升迁的最高限了。实际上,科举制的发展,使流外出身升迁的空间更趋狭窄。唐玄宗开元中,薛据"自恃才名",赴吏部参选,请授万年县录事,引起流外出身者惶惶不自安,上诉宰执"录事是某等清要官,今被进士欲夺,则某等色人,无措手足矣"[2]。万年县录事品秩仅为九品下,但因属紧要官,被流外入流者目为"清要"之职,不容属于另一更高层次的参选者染指。也可看出,流外出身者入流后仕途升迁的艰辛与狭窄。

吏职的中层大致范围是进入流外官序列。流外官在唐朝已自成系统,选取、迁转、校注、考核、待遇、

---

[1] 《唐六典》卷二《吏部》,第25页。
[2] 〔宋〕李昉等编:《太平广记》卷一八六《铨选二》,中华书局,1961年,第1392页。

品级、职能、职掌一如职官序列,都已规范化。[1]据开元二十五年官品令,流外勋品可任职诸卫都水监羽林军录事、中书门下省御史台令史、太子内坊三寺诸率府录事、诸楷书手、太常寺谒者、秘书省诸典书、河渠河堤谒者、太师署针师、内侍省寺人等,而流外九品只能任职国子学太庙公干、诸辇者。各职掌因所在官署地位不同,虽职称相同,品秩也有差别。在迁转时,除按品秩顺序,还要根据各个官署的地位而定。京师各司流外官,每历三考(任职三年,每年一考),可参加选转铨试。一个小吏从入流外始,正常情况下,要经过二三十年才能从流外九品迁转升至流外勋品。而入流的年限逐渐增加,唐初武德年间,令史、书令史经过六、七考可入流为主事(流内八、九品),稍后,限八考已上入流,开元中期以后,十考六上方许入流。绝大部分流外官只能辗转于流外序列,终老无缘"入流"。

吏职的下层是有正式编制的州县佐史和无编制的杂任。佐史不入流外,由州一级长官选用,以本地人

---

[1] 参见王永兴《关于唐朝流外官的两点意见——唐流外官制研究之二》,见《陈门问学丛稿》,江西人民出版社,1993年。

为主，隋文帝时，一般长任不代，但"势久为奸"，于是立法，州县佐史三年而代，唐朝则定为"四周而代"，他们的最好出路是考选流外官。但绝大部分人盘踞乡里，掌知杂任，成为官民交接的地方势力，以凭实权获取实利为主要目的。

官清吏浊二是体现在舆论取向上。唐太宗时，张玄素已身居清要，但因出身刑部令史，"甚以惭耻"，当太宗问及出身，玄素不得不据实应答后，"将出阁门，殆不能移步，精爽顿尽，色类死灰"[1]。高宗时，吏部侍郎刘祥道上言："尚书省二十四司及门下中书主事等，比来选补皆取旧任流外有刀笔之人，欲参用经学时务之流，皆以侪类为耻，前后相承，遂成故事"[2]，所谓"故事"，此处并非制度，仅是因舆论"为耻"，士人不屑于与刀笔吏为伍。《唐语林》记载玄宗与优人黄幡绰的一段对话，"上又尝登北楼望渭，见一醉人临水卧，问左右'是何人'，左右不对。幡绰曰：'是年满令史'。又问：'尔何以知之'？对曰：'更一转，

---

[1]《旧唐书》卷七五《张玄素传》，第2642—2643页。
[2]《通典》卷一七《选举五》，第406页。

入流'。上大笑"[1]。足见对流外之鄙视,竟成为优人谐戏之辞。吏的身价下降,评价亦出现老吏、猾吏、奸吏、贪吏等定性称谓。刘晏为度支使,"常以为办集众务,在于得人,故必择通敏精悍廉勤之士而用之。至于勾检簿书,出纳钱谷,事虽至细,必委之士类。吏惟书符牒,不得轻出一言。常言:士陷赃贿,则沦弃于时,名重于利,故士多清修;吏虽廉洁,终无显荣,利重于名,故吏多贪"[2]。因吏从事的是最具体最直接的工作,人事档案、钱物出纳、公物保管,把士与名、清修相联系,而吏则与利、贪相联系,足见舆论已成定势。吏社会地位和文化素质在整体上又比较低,"利重于名",趋利成为吏的最主要目的。

(三)官无封建,吏有封建

所谓有无"封建",主要针对是否实行轮代制和是否实行世袭制而言。自隋朝"一命之官"悉属吏部,按规定,九品以上六品以下官都实行轮代制,即任官

---

[1] 《唐语林校证》卷五,第470页。
[2] 《文献通考》卷三五《选举八》,第332页。

七、何故形成"吏强官弱"格局

有年限,职别不同,任期也有所不同。一般是三到四年。年满停替,依格参加调选,根据资历、考辞、铨试,或平调,或黜,或陟,不合格则须待选。而门荫制基本是间接入仕制,因此才有"官无封建"之语。官不久任,定期轮替,降低门荫入仕的起点和升迁高限,以便于中央统一考察和控制,使其不易在地方、各部门以及某一家族固结私人势力。正官的轮代制一直为历朝沿用不替。正式职官呈现很大的流动性,一是任职区域的大跨度流动,二是任职序列与类别的大范围调动。例如,唐朝名相狄仁杰,祖籍并州太原,入仕后先后任汴州判佐、并州都督府法曹、大理丞、侍御史、度支郎中、宁州刺史、冬官(工部)侍郎充江南巡抚使、文昌(尚书)右丞、豫州刺史、复州刺史、洛州司马、地官(户部)侍郎、判尚书、同凤阁(中书)鸾台(门下)平章事等,任职地域包括今天的陕西、山西、河北、甘肃、湖北及江南,官别包括地方的长官、属官,中央的司法、监察、六部等系统的官职,一直做到宰相。

吏有封建应指吏职常任化、世袭化、地方化的发展趋势。隋文帝以前,州县佐史常任无代。官、吏正式分途后,吏职自成系统,选任逐渐规范化,随着官僚体制的严密化，繁复的案牍充斥着中央到地方的各级官署，案牍化、程式化程度的加深，刀笔吏在政治生活中的作用越来越重要。久任成奸，"势使然也"[1]。隋文帝为杜绝吏弊，令州县佐史三年而代。唐朝规定流外官，"每经三考转迁"，但由于吏职主要从事有较强技术性又较繁杂的事务工作，因此频繁更替不利于工作的连续性，所以，虽然规定三转考迁，但还留下一个尾巴，"不则从旧任"，即如果没有得到升迁，仍然可留任原职。而参加铨选的官，如当年选调未能得官，只能"待选"，甚至有等数年、十数年之久者。吏职系统则逐渐向着常任化、本司化、本地化、世袭化的趋势发展。先看吏职的本地化，主要是州县吏。据唐令，州县重要的吏职如市令不得选用本地人，其他则以本地人为主。宋朝发展为本地化与世袭化相结合。地方州县吏，按规定年满出职（出任官职或授文武散官）后，往往"子侄继替"，形成离职不离家，离人不离乡。中央官署吏职世袭化程度加深。

常任化地方和中央都有。地方州县的常任化是与

---

[1]《隋书》卷七五《刘炫传》，第1721页。

七、何故形成"吏强官弱"格局

本地化和世袭化相结合的,重要吏职对资格的审查主要是两方面,一是"谙吏道",二是有一定家产做担保。因此很容易理解州县吏职的离职不离家,离人不离乡了。中央吏职有任期的规定,任期满而无缺,不少人只得停替守缺成为编外吏员。在一般情况下,中央吏职的迁转、选补都在本系统内进行,或不出府监省寺,往往辗转三四十年"方得出官"。有些重要部门而又熟悉业务的吏,逢该出职时,也可延长使用期,称为"勒留",有少数事关机要性质的吏职,实行终身制,"永不出官"。宋朝的地方官,比起唐朝,任期有逐渐缩短的趋势,多则二三年,少则几个月,而吏在同一职位上或从事同一性质的工作时间往往带有长期性,与官员任期的短暂性和流动性相比,有明显的区别。吏的"封建性"使吏牢固和长久盘踞在官民交接的枢纽之地,吏弊成为官僚体制的大蠹。

官任的流动性、轮代制,与吏任的常任性、封建性、世袭性,使官与吏之间形成缝隙。宋以后各朝,都采取了种种措施以改变吏强官弱、官受制于吏的局面。其主要措施:一是改变吏员的构成,提高吏员的素质,包括任用儒吏和加强考试、考核,元有"岁贡儒吏"之制。二是从制度上防范,如金朝实行吏员转移法和书吏书史避籍制,以免"吏势浸重""把握州县"。明清两朝逐渐压低吏员出职任官品级,明朝吏员出职最高可正七品出身,清则又降低到最高不过获得八九品官职。三是直接从士人中选拔高级吏员,宋朝在一定范围打通官、吏二途,中央重要部门的较高层的吏职士、吏参用。四是随着吏社会层级的继续下跌,更加大了官与吏社会空间距离,遂形成了幕僚集团以"佐官检吏"。

对官民交接枢纽之地的控制有力与否,直接关系到官僚体制的运行及社会的稳定与否。但选与用的分离、官与事的分离,以及中央集权体制的无所不统所带来的负面后果:法密、事多、官(吏)多,使"清官难逃猾吏之手"的吏弊无法从根本上解决。

结 语

一个国家在某一特定的历史阶段,其管理职能发挥得如何,在某种程度上不仅可以体现这个国家决策层的宏观管理水平,而且可以决定这个国家的历史地位及其面貌。我国历史上的唐朝之所以成为中国封建社会的鼎盛王朝,与统治阶级从思想上重视发挥国家的管理职能,从制度上建立严密的管理体制是密不可分的。唐朝统治者在总结前朝经验的基础上,建立了一套严密的官吏管理体制,并且在长达近三百年间,不断调整它。

首先,唐朝建立了中央统一的集中管理体制,将魏晋南北朝以来地方州郡及中央各司选任僚属的权力一律收上来。凡各级各类官吏的选拔、考试、任用、职掌、考课、迁转、选限、监察、奖惩、俸禄、休假、致仕及其享有的政治、经济特权与各官署的员额配置，国家都制定了统一的制度，并以法典的形式固定下来。所有官员的档案，都由中央订出"状样"，统一编册、保存。选举与选官都由中央统一主持，在职官员每年考课一次，由中央订出统一的考课标准及内容，本部长官写出评语，上报吏部考功司评定等级，以作为日后迁转的依据。这种统一集中的管理体制，使中央集权的政治体制达到了前所未有的水平。

其次，官吏管理体制与官僚体制相适应，实行分层次管理的原则。例如，实行官与吏的分途。唐朝的官与吏在身份上有严格的区别，有各自不同的选任对象、考选方法、晋级规定及职责范围。吏主要在各官署中从事繁剧的杂任，文化水平要求较低，一般以低级官吏子弟或庶民百姓为选任对象，迁转依流外品，任职到一定年限方可由流外入流（正式官品），但入流胥吏担任流内官职或升迁都受到严格限制。流内官的选任分为两个层次：一个层次是九品以上、六品以下官吏的选任，由中央吏部主持铨选，按德、才、劳标准，从身、言、书、判四方面进行考察，合格者上报尚书都省审查，门下省复查后方能授官；另一个层次是五

结 语

品以上官吏（即中央和地方的中高级官吏）选任时免去考试程序，由中央指定的中高级官吏举荐，宰相与各司长官商议后拟定，要官则由皇帝定夺。这种分层次管理的方式，不仅使官吏管理体制更加严谨，增加了官吏队伍的容纳量，也有利于官吏队伍的相对稳定。

再次，分类别的管理机制。国家管理职能在官吏管理体制上的体现，从以下两方面看出：第一方面是将官吏从血缘与地域的纽带中分离出来，成为独立于社会各等级、阶层、职业之上的特殊（统治）群体；第二方面是将一部分官吏从政治与阶级中分离出来，成为专门化的特殊职业（统治）群体，这个过程，正是官吏的类别区分不断强化的过程。唐朝的官吏分类管理机制虽然受到阶级与历史的制约，但已呈现出当代文官制度所具有的能级原则及职位分类的雏形，即包括了按职能分类的因素。唐朝官僚系统按职能可分为中枢决策系统、行政执行系统、监察勾检系统、具体操作系统。每一类别的官吏在选用、资历、任期、选限、迁转、奖惩、考课、俸禄、待遇等方面都有不同的规定。例如，规定凡"清望官"及台、谏、学官等要职，流外出身者不能担任；凡伎术官（主要掌理天文、音乐、医药等专门知识）只能在本司任用，非任职年久，不得外叙；凡台省官主要从历任过州县之职的人中选拔。台省郎官、御史，依品应参加吏部铨选，但因品低职重，开元时遂改为与五品以上官同样由中书门下选授。对官吏的考课共分九等，其中，"四善"是对全体官员在个人品德、职业道德、工作作风等方面总体（定性）考察；"二十七最"是根据不同类别官吏所负职能的具体（带有定量性质）考察。在机构设置上，同级别的部门，由于类别不同，人员配置也不同；同品级的官，由于职任不同，则待遇有别。据《新唐书》记载，吏部下的吏部司，因职任繁剧，主事以下定员为141人，同属吏部的司封司，与吏部司同级，主事以下定员只有19人。这种职级的交叉，以及散、勋、爵的存在，形成了唐朝官员多重性身份的特点，唐后期职的固定化以及职的分解，使这一特点更为突出。虽然这样会使官吏体制的运作程序复杂化，但也表明唐朝已具备了驾驭这种复杂体制的能力。

最后，制约体制的规范化。唐朝官吏管理体制的制约机制渗透于各个层面与各个职类。中枢决策层面的三省具有互相制约的机制，中央有专设的监察机构

结　语

御史台执掌百官的纠弹。此外，中央还经常派使巡视各方，举善惩恶。行政管理部门及财政系统，建立了从中央直贯地方的勾检系统，监督审计各级、各部门财政收支、行政办公效率以及中央政令的实施与否。选官系统中，引入竞争机制，通过公平、平等的考试，可制约主考官仅凭个人好恶任情夺法及权官贵戚门荫特权的恶性膨胀。致仕及停替制度，有利于官僚队伍的更新。各种回避制度与回避措施，也是制约官员因个人行为而损害国家利益的有效方式。当然，由于制约机制也受到种种限制，对官吏的约束力仍只是在有限的范围内及某种程度上。

上述种种制度，并非都始于唐朝，亦未穷尽唐朝官吏体制的方方面面，但它在唐朝达到了较高的层次，并用完备的法典确定下来，推进了国家管理职能的深化。于是，"百司具举，庶绩咸理"，周边国家仰慕大唐典章文物，竞相模仿。

由于阶级与时代的局限，唐朝的国家管理体制也弊端丛生。其一是最高权力的不受制约以及缺乏自下而上的监督机制。这样，就不可避免地造成"人治"大于"法治"，率情枉法，因人废事。其二是在国家发展的全过程中,职责重叠、交叉、纠缠不清的现象仍很严重;按类定职不彻底,使有的职掌过于笼统,权力过于集中在个人。尤其是"旧制已紊,新制未立"的唐后期,三省六部与使职差遣两套官职系统同时存在,给管理体制带来了一定程度的混乱。其三是唐前期过分强调集中和统一,唐后期对地方的控制权又因种种原因而渐趋削弱,影响了中央与地方关系的协调。其四是官吏体制与封建政治的相互依存关系,使官吏具有鲜明的封建等级性质,影响了职业化、专业化的进程,造成官吏群体不可抑制的膨胀趋势。其五是培养、考选内容与官吏职能相分离,使官吏的整体职业素质低、专业化程度低。如此种种,不一而足。唐以后历代封建王朝都更加重视发挥国家的管理职能,但上述弊端总的趋势是愈演愈烈,成为与封建社会相始终的痼疾。

参考文献

古代文献(基本按成书年代排序)

[1] 徐元诰撰,王树民、沈长云点校:《国语集解》,中华书局,2002年。

[2] 〔汉〕许慎撰,〔清〕段玉裁注:《说文解字注》,上海古籍出版社,1981年。

[3] 〔南朝宋〕范晔:《后汉书》,中华书局,1965年,第830页。

[4] 〔梁〕萧统编,〔唐〕李善注:《文选》,上海古籍出版社,1986年。

[5] 〔唐〕令狐德棻:《周书》,中华书局,1971年。

[6] 〔唐〕魏征:《隋书》,中华书局,1973年。

[7] 〔唐〕李百药:《北齐书》,中华书局,1972年。

[8] 〔唐〕李林甫:《唐六典》,三秦出版社,1991年。

[9]〔唐〕杜佑:《通典》,中华书局,1988年。

[10]〔唐〕韩愈著,刘真伦、岳珍校注:《韩愈文集汇校笺注》,中华书局,2010年。

[11]〔唐〕李肇:《唐国史补》,古典文学出版社,1957年。

[12]〔后晋〕刘昫:《旧唐书》,中华书局,1975年。

[13]〔宋〕王溥:《唐会要》,商务印书馆,1936年。

[14]〔宋〕王钦若等编:《册府元龟》,中华书局,1960年。

[15]〔宋〕李昉等编:《太平广记》,中华书局,1961年。

[16]〔宋〕李昉等编:《文苑英华》,中华书局,1966年。

[17]〔宋〕欧阳修、宋祁:《新唐书》,中华书局,1975年。

[18]〔宋〕郑樵:《通志二十略》,中华书局,1995年。

[19]〔宋〕司马光:《资治通鉴》,中华书局,1956年。

[20]〔宋〕宋敏求编:《唐大诏令集》,商务印书馆,1959年。

[21]〔宋〕王谠撰,周勋初校证:《唐语林校证》,中华书局,1987年。

[22]〔宋〕陆游:《老学庵笔记》,中华书局,1979年。

[23]〔宋〕李心传:《建炎以来系年要录》,中华书局,1988年。

[24]〔宋〕洪迈:《容斋随笔》,上海古籍出版社,1978年。

[25]〔宋〕黄履翁:《古今源流至论》,影印文渊阁四库全书本,台湾商务印书馆,1986年。

[26]〔宋末元初〕马端临:《文献通考》,中华书局,1986年。

[27]〔明〕王守仁原著,〔明〕施邦曜辑评:《阳明先生集要》,中华书局,2008年。

[28]〔清〕陆增祥编《八琼室金石补正》,《石刻史料新编》第1辑,新文丰出版公司,1982年。

[29] 河南省文物研究所等编:《千唐志斋藏志》,文物出版社,1984年。

今人著作(按书稿中出现顺序)

[1] 阎步克:《察举制度变迁史稿》,辽宁大学出版社,1991年。

[2] 邓小南:《宋代文官选任制度诸层面》,河北教育出版社,1993年。

[3] 陈明光:《唐代财政史新编》,中国财政经济出版社,1991年。

[4] 毛汉光:《唐朝墓志铭汇编附考》,"中央研究院"历史语言研究所,1985—1993年。

论文(按书稿中出现顺序)

[1] 毛汉光:《唐朝荫任之研究》,《"中央研究院"历史语言研究所集刊》第五五本第3部分,1984年。

[2] 吴宗国:《进士科与唐朝后期的官僚世袭》,《中国史研究》1982年第1期。

[3] 毛汉光:《唐朝大士族的进士第》,《"中央研究院"成立五十周年纪念论文集》,1978年。

[4] 刘海峰:《唐朝选举制度与官僚政治的关系》,《厦门大学学报》1989年第3期。

[5] 杨志玖、张国刚:《唐朝藩镇使府辟署制度》,《社会科学战线》1984年第1期。

[6] 郭殿崇:《张建封幕吏考》,《徐州师范学院学报》1987年第4期。

[7] 张广达:《论唐朝的吏》,《北京大学学报》1989年第2期。

[8] 王永兴:《关于唐朝流外官的两点意见——唐流外官制研究之二》,《陈门问学丛稿》,江西人民出版社,1993年。

本书作者相关著作(论文略)
[1] 宁欣:《唐代选官研究》,文津出版社,1995年。
[2] 宁欣:《中华文化通志·制度文化典》,上海人民出版社,1998年。
[3] 宁欣:《唐史识见录》,商务印书馆,2009年。

后 记

唐朝选官研究是我博士学位论文的题目,此后又因撰写《中华文化通志·选举志》而拓展到其他朝代和更为广泛的领域。本书对此前的研究进行了重新整合,又增加了一些新的体会。

本书的题目原定为"科举制引领下的人才选拔制度",但并没有将重点放在科举制本身上。而是力求通过对其他选拔人才的途径的考察,启发大家认识科举制核心精神的渗透,即考试取人如何贯穿于各级各类官吏选拔和任用的各个环节中。此外,武举、武选、赀选,基本没有涉及,有待于今后的补充。希望能帮助大家对唐朝及更长时段的古代中国及选拔人才(选官)制度有一个基本的了解,认识选官制度的形成、完善是一个长过程,各种不同形式的选官制度又往往

后　记

相互影响和相互作用。各种形式的选官制度亦利弊互见，很多弊端也是体制内无法避免和解决的。

每个阶段都会有主导的选官形式，并起着决定性作用，但同时也有多种不同的选官形式和途径，适应统治者的不同需求，满足不同群体和阶层入仕需求。主导型选官形式的确立，不同形式和途径的选官并存，既是中国古代政治结构权力演化的反映，也是古代社会阶层不断重组和更新的反映。

本书的参考文献部分比较简略，主要列举了本书引用的资料，见谅。

感谢北京师范大学历史学院推出"通古察今"系列丛书，感谢河南人民出版社及责编的辛勤劳动付出，感谢吴宇翔博士对文稿格式进行了调整，感谢李明阳先生对全书的审读和校对，避免了很多错、漏。